Alphabetisches
Haupt-Sachregister

zum

Justizministerialblatt

(Jahrgang 1896 bis 1901 einschließlich)

für das

Königreich Bayern

nach dem Stande der Gegenwart bearbeitet

von

Hugo Huber
Amtsgerichts-Sekretär.

München 1902
J. Schweitzer Verlag (Arthur Sellier)

A.

A. Vermerk der Portofreiheit bei Zustellungen von Amtswegen in Angelegenheiten der freiwilligen Gerichtsbarkeit, in Grundbuchsachen u. in Hypothekensachen im Register für Zustellungen von Amtswegen und im Zustellungsregister der Notariate durch Einsetzung des Buchstabens A **00**, 592 f.

Abänderung s. die betr. Bestimmungen.

Abbildungen, Reproduktion von A. im Bayerischen Zentral-Polizeiblatt **99**, 12, 13.

Abdrücke von Verfügungen und Entschließungen, Übersendung bezw. Beifügung im dienstlichen Verkehr **01**, 367, 369.

Abgabe von Urschriften der Notariatsurkunden **99**, 653 ff. — Zuständigkeit zur Entscheidung von Streitigkeiten über die Abgabe einer Vormundschaft an ein anderes Gericht **00**, 804 ff. — s. a. Aktenabgabe.

Abgaben s. Besitzveränderungsabgabe, ferner Übersicht.

Abgangsliste für sämtliche Pfleglinge in Privatirrenanstalten **96**, 39.

Abholung niedergelegter Schriftstücke am Orte der Niederlegung bei Zustellungen von Amtswegen **99**, 484; desgl. bei Zustellungen im Parteiauftrage **00**, 630 — der Schriftstücke und Urkunden durch den Auftraggeber nach Erledigung des Auftrags **99**, 1153; **00**, 636.

Abkömmlinge, Aufnahme der Namen der anteilsberechtigten A. in das Zeugnis über die Fortsetzung der Gütergemeinschaft **01**, 387 f.

Abkürzungen in Notariatsurkunden **99**, 640 — der Einträge in den Geschäftsbüchern der Gerichtsvollzieher **99**, 1160 — in amtlichen Schriftstücken **01**, 368.

Ableben s. Todesfälle.

Ablehnung von Aufträgen durch die Gerichtsvollzieher **99**, 1147 f., 1182, 1186, 1187; **00**, 644, 758 — von Eingaben der Privaten an öffentliche Stellen und Behörden wegen Formfehler **01**, 365.

Ablieferung von Militärpersonen zum Zwecke der Überführung an Zivilgerichtsbehörden **97**, 229 f. — des gepfändeten Geldes an den Gläubiger **99**, 1183; **00**, 649, 688, 707 — ärarialischer Gelder an das Rentamt **00**, 340, 353, 367, 1228 f. — der örtlichen Besitzveränderungsabgaben der Gemeinden **00**, 359 — von Dorftestamenten an das Notariat **01**, 24, 31.

Ablösung von Bodenzinsen **98**, 84, 89, 90 f., 92, 93.

Ablösungskasse s. Grundrentenablösungskasse.

Abmarkung der Grundstücke, Gesetz hierüber vom 30. Juni 1900: **01**, 89 ff. — Vollzugsvorschriften hiezu **01**, 101 ff.

Abmarkungsfonds **01**, 134.

Abmarkungsgeschäfte der K. Messungsbehörden und Geometer **01**, 101 ff., 110 ff. — der Feldgeschworenen **01**, 106 ff., 112 ff., 155 ff. — s. a. Protokollierung.

Abmarkungshandrisse **01**, 124 f.

Abmarkungskosten **01**, 97 ff., 130 ff., 169 ff.

Abmarkungspflicht **01**, 89 f.

Abmarkungsprotokolle **01**, 120 ff. (Form. 145 ff.).

Abnahme von Versicherungen an Eidesstatt bei den Notariaten **99**, 684 ff. — s. a. Eidesabnahmen.

Abonnement für das Bayerische Central-Polizeiblatt **99**, 13 — für das Deutsche Fahndungsblatt **99**, 90 f., 93 — für die Bayerische Handelszeitung **01**, 294 — für das Finanzministerialblatt einschließlich der Mitteilungen der Oberberufungskommission für Steuersachen **01**, 650 — s. a. Jahresabonnement.

Abrechnung der Notare mit den Rentämtern über die von ihnen vereinnahmten örtlichen Besitzveränderungsabgaben **98**, 200 ff. — der Rentämter mit den Gemeinden über den Gesamt-Sollanfall der örtlichen Besitzveränderungsabgabe **98**, 201 — mit den Rentämtern im Gebührenwesen **00**, 342, 353 ff., 363, 365, 367, 371, 375, 461; insbes. bezüglich der Gerichtsvollziehergebühren **00**, 354 f., 355, 375.

Abrundung der örtlichen Besitzveränderungsabgabe **98**, 198 — der persönlichen Zulagen von Gerichtsvollziehern **99**, 531.

Abschätzung hinterlegter Kostbarkeiten durch Sachverständige **99**, 1063 f., 1081, 1085, 1117 — s. a. Schätzung.

Abschlagslieferungen ärarialischer Gelder an die Rentämter **00**, 353.

Abschluß der Einträge in das Hauptbuch der amtsgerichtlichen Hinterlegungsstellen **99**, 1082; desgl. in das Tagebuch **99**, 1084 — der Hinterlegungsbücher beim Jahresschlusse **99**, 1086 f., 1088 — der Geschäftsbücher der Gerichtsvollzieher **99**, 1165, 1169, 1176 f., 1185 — der Gebührenregister **00**, 363 — des Vorschußregisters des Gerichtsschreibers **00**, 363 — des Auslagenregisters des Gerichtsschreibers **00**, 365 — der Kostenverzeichnisse des Gerichtsschreibers **00**, 366 f.

Abschreibung uneinbringlicher Auslagen im Gebührenwesen **00**, 383.

Abschriften des amts- bezw. staatsanwaltschaftlichen Verzeichnisses der rechtskräftig verurteilten Personen, für welche die Aussetzung der Vollstreckung der Freiheitsstrafe mit der Aussicht auf Erwirkung der Begnadigung beantragt wird **96**, 78 f., 80, 86 — Anfertigung der zur Zustellung erforderlichen A. in Armenrechtssachen **96**, 334 — von Urkunden, welche zum Zwecke des Gebrauchs in Rußland beglaubigt werden sollen **97**, 14 — Übersendung kostenfreier A. von gerichtlichen Urteilen in Wasserstreitsachen an das hydrotechnische Bureau **98**, 668 — Vorlage kostenfreier A. von auf die Nahrungsmittel- oder Gesundheitspolizei bezüglichen gerichtlichen Urteilen an das K. Justizministerium **99**, 138 f. — beglaubigte A. des von Amtswegen zuzustellenden Schriftstücks **99**, 476 — Nichtübergabe einer beglaubigten A. der Zustellungsurkunde bei Zustellungen von Amtswegen **99**, 489 — Erteilung einer A. richterlicher Verfügungen in Angelegenheiten der freiwilligen Gerichtsbarkeit **99**, 494 — von Notariatsurkunden **99**, 635, 636, 643, 645, 646, 654, 661, 690, 691, 693 — Erteilung von A. der Notariatsurkunden **99**, 658 ff. — Notariatsgebühr für Erteilung und Beglaubigung von A. **99**, 777 — Beifügung der A. von Schriftstücken bei Anmeldung zum Handelsregister **99**, 842 ff. — im Gerichtsvollzieherdienst **99**, 1149, 1175, 1181, 1184, 1186, 1193 f. — der Revisionsprotokolle im Gebührenwesen behufs Beantwortung derselben **00**, 375 — von örtlichen Revisionsprotokollen **00**, 379 — Anfertigung im amtlichen Verkehr **01**, 367 — Vorlage einer A. der Entscheidung, durch die ein Strafverfahren bezüglich des sog. Hydrasystems geschlossen wurde, durch Staatsanwälte **01**, 641 f. — s. a. Beglaubigung, Schreibgebühren.

Abstimmung und **Beratung** bei den Prüfungen der Rechtskandidaten **99**, 182, 184, 212, 218, 251 f.

Abteilungen des Nachschlagregisters zum Handelsregister **99**, 887 ff.

Aburteilungen s. Mitteilung.

Adelige Namen, Zuständigkeit für Gesuche um Bewilligung zur Änderung **00**, 98.

Admissionsausschuß bei den Prüfungen für den höheren Justiz- und Verwaltungsdienst **99**, 182, 204, 205, 206, 208, 209.

Adressen des Zustellungsempfängers auf dem Briefumschlage des von Amtswegen durch die Post zuzustellenden Schriftstücks **99**, 479 f., 493 — auf der Rückseite der Urkunden über Postzustellungen von Amtswegen **99**, 489, 494 — der Absender in Eingaben von Privaten an öffentliche Stellen und Behörden **01**, 365 — Vortrag der A. in den Reinschriften der amtlichen Berichte, Schreiben und Erlasse **01**, 365, 366.

Advokaten s. Rechtsanwälte, Zentralausschuß.

Ämter s. Bezirksämter, Forstämter, Gesundheitsamt, Hypothekenämter, Seemannsämter, Waisenratsamt.

Änderungen in Notariatsurkunden **99**, 636, 639, 656, 668 — Eintragung von Ä. von Firmen in das Firmenregister **99**, 872 ff.; desgl. in das Gesellschaftsregister **99**, 881 — der Satzungen von Sparkassen behufs Anlegung von Mündelgeldern bei denselben **00**, 113 f. — des Familiennamens **00**, 854 ff., 888 f. — des Vornamens **00**, 858 f., 888 f. — in der Person der anteilsberechtigten Abkömmlinge, Richtigstellung des Zeugnisses über die Fortsetzung der Gütergemeinschaft **01**, 388, 457 — Katasterumschreibung bei Ä. im Bestande von Fideikommiß-Grundstücken **01**, 425 f. — s. a. Namensänderungen.

Ärar, Erinnerungen des Ä. gegen die Höhe der einem freigesprochenen oder außer Verfolgung gesetzten Angeschuldigten von der Staatskasse zu erstattenden notwendigen Auslagen **98**, 279.

Ärzte in Privatirrenanstalten **56**, 38 ff. — Benützung reiner Güterzüge durch Ä. **98**, 119 f. — s. a. Bezirksärzte, Hilfsärzte, Irrenärzte.

Akte der Gerichtsvollzieher, Nichtverwendung von Gebührenmarken hiefür **01**, 589 ff.

Akten, Vormerkungen in bezug auf bedingte Begnadigung Verurteilter in den A. **96**, 77, 78 — Verbringung der Urkunden des Gerichtsdieners oder des Postboten über Zustellungen von Amtswegen zu den A. **99**, 489, 490 — Vermerk bezüglich der Bekanntmachung gerichtlicher Verfügungen in Angelegenheiten der freiwilligen Gerichtsbarkeit in den A. **99**, 494 — Sammlung, Ordnung und Verwahrung der A. der Notariate **99**, 610 ff. — der Gerichtsvollzieher **99**, 1177 ff., 1180, 1181, 1182, 1195 — zum Register der Angelegenheiten der freiwilligen Gerichtsbarkeit **00**, 92 f. — s. a. Beistandschaftsakten, Generalakten, Gerichtsakten, Konkursakten, Nachlaßakten, Notariatsakten, Personalakten, Pflegschaftsakten, Prozeßakten, Registerakten, Sammelakten, Strafakten, Subhastationsakten, Teilungsakten, Versteigerungsakten, Vollstreckungsakten, Vormundschaftsakten.

Aktenabgabe an die Polizeidirektion München in bezug auf Zigeuner **99**, 105 f.

Aktenanlage in Handelsregistersachen **99**, 903 ff. — in Nachlaßsachen **00**, 36 ff. — in Vormundschaftssachen **00**, 207 ff., 215 — in Angelegenheiten der freiwilligen Gerichtsbarkeit **00**, 92 f., 214 — in Personenstandssachen **00**, 872 — im Grundbuchanmeldungsverfahren in den Landesteilen rechts des Rheins **01**, 494.

Aktenaushändigung im Strafprozesse durch Behörden der K. Verkehrsanstalten **01**, 457, 458.

Aktenausscheidung bei den Gerichten **97**, 53.

Aktenbildung s. Aktenanlage.

Akteneinsicht in bezug auf das Handelsregister **99**, 904 ff., 931 — durch Finanzkommissäre behufs Prüfung der Richtigkeit der Gebührenansätze und der Überträge in die Gebührenregister **00**, 336 — s. a. Einsichtnahme.

Aktenerholung in Vormundschaftssachen **00**, 213.

Aktenhüllen, Einlegung der in einer Angelegenheit der freiwilligen Gerichtsbarkeit eingehenden Aktenstücke in A. **00**, 92.

Aktenstücke in Nachlaßsachen **00**, 37 — für Angelegenheiten der freiwilligen Gerichtsbarkeit **00**, 92 f. — in Vormundschaftssachen **00**, 208, 209.

Aktenvermerke im amtlichen Verkehr **01**, 367.

Aktenvernichtung **97**, 53.

Aktenversendung **01**, 367 f.

Aktenvorlage bei bedingter Begnadigung Verurteilter **96**, 80, 82, 83, 84, 86, 87 — bei Begnadigungsgesuchen **96**, 193 f. — im Strafprozesse durch Behörden der K. Verkehrsanstalten **01**, 457, 458.

Aktenvormerkung in Vormundschaftssachen **00**, 213 — im amtlichen Verkehr **01**, 367, 368, 369.

Aktenzeichen **99**, 478 — in Nachlaß- und Teilungssachen **00**, 38 — für die Angelegenheiten der freiwilligen Gerichtsbarkeit **00**, 91, 92 — in Vormundschaftssachen **00**, 209.

Aktiengesellschaften, Bestimmungen bezüglich der Führung der Handelsregister **99**, 812, 813, 824 ff., 832 f., 835, 837, 842 f., 846 f., 850, 852 f., 853 f., 860 ff., 871, 890 ff., 929 — Eintrag in das Gesellschaftsregister **99**, 880 ff. — Anmeldung zum Schiffsregister **99**, 1001.

Aktuar s. Protokollführer.

Amberg, Uebertragung der Besorgung des gerichtlichen Hinterlegungswesens für den Bezirk des Amtsgerichts dortselbst an die K. Bank **99**, 1115.

Amerika s. Vereinigte Staaten.

Amortisationsfond zum Zwecke der Tilgung sämtlicher Bodenzinse der Staatskasse **98**, 89, 94.

Amtsanwälte, Obliegenheiten in bezug auf bedingte Begnadigung Verurteilter **96**, 76 ff., 227 f. — Anlegung von Straflisten **96**, 274 ff., 279 ff., 333 — Berichterstattung bei strafrechtlicher Verfolgung von Deutschen bezw. Schweizern wegen der in der Schweiz bezw. Deutschland begangenen Vergehen an das K. Justizministerium **97**, 245 f. — Behandlung der Gesuche um Stundung der Zahlung von Geldstrafen und um Gestattung der Entrichtung der Geldstrafen in Teilbeträgen **00**, 299 ff. — s. a. Mitteilung, Untersuchungsanstalten.

Amtsausübung s. Amtsführung.

Amtsbestände der Notare, Sicherung **99**, 699 f.

Amtsblatt, Bekanntgabe der Namen derjenigen Gemeinden, welche die Ermächtigung zur Erhebung der örtlichen Besitzveränderungsabgabe erhalten haben, im A. des K. Staatsministeriums des Innern **98**, 198.

Amtseid der Gerichtsvollzieher **99**, 520, 1143.

Amtsführung der Gerichtsvollzieher 99, 522 f. — der Notare 99, 595 ff. — der Standesbeamten in der Pfalz 99, 1221.

Amtsgerichte, Visitation 96, 184; 98, 84; 00, 1003 ff. — Vorlage der Uebersicht über das zur Vernichtung bestimmte Aktenmaterial an den Landgerichtspräsidenten 97, 53 — Vollzug der von den A. rechtskräftig erkannten Strafen 99, 15 — unentgeltliche Lieferung des deutschen Fahndungsblattes an die A. 99, 90 f., 92 — Zustellungen von Amtswegen im Strafverfahren vor den A. 99, 495 ff. — Aufstellung der Gerichtsvollzieher bei den A. 99, 517 f., 519 — Errichtung und Einrichtung einer Gerichtsvollzieherei bei A. 99, 518 — Erstattung von Anzeigen über Geburten, Verehelichungen und Todesfälle durch die Standesbeamten an die A. 99, 578 ff. — Registerführung bei den A. 99, 789 ff. — Bestimmungen bezüglich des gerichtlichen Hinterlegungswesens 99, 1058 ff. — Gestattung des mündlichen Verhandelns vor einem A. 00, 115 f. — Bestimmungen bezüglich des Vormundschaftswesens 00, 183, 184, 185, 186 — Zuständigkeit nach der Zuständigkeitsverordnung 00, 99, 102, 105 f., 107, 108 — Gleichstellung mit den Distriktsverwaltungsbehörden im Sinne des Art. 199 des Gesetzes über das Gebührenwesen 00, 336 — rechnerische Behandlung der bei den A. anfallenden Gebühren, Geldstrafen, Auslagen und durchlaufenden Geldern 00, 340 f. — s. a. Hinterlegungsstellen, Uebersicht.

Amtsgerichtsbezirke, Aenderung der A. Neu-Ulm und Weissenhorn 98, 1 — Beschränkung der örtlichen Zuständigkeit des Gerichtsvollziehers auf den Bezirk des Amtsgerichts, bei dem er angestellt ist 99, 518; 00, 623, 730 — Handelsregister für mehrere A. 99, 808, 812 f., 893 f. — Uebertragung der Besorgung des gerichtlichen Hinterlegungswesens für A. an die K. Bank 99, 1115 f., 1121 ff. — s. a. Gemeinschaftliche Hinterlegungsstellen.

Amtsgerichtsdiener, Dienstkleidung 97, 165 — Uebertragung des Gerichtsvollzieheramts als Nebenamt an A. 99, 517, 519, 525 f., 529, 531, 1134, 1177, 1194 — Vertretung des A. im Gefängnisdienst durch den Gerichtsvollzieher 99, 522 — Aufstellung von A. als Gerichtsvollzieher in Strafsachen 99, 529.

Amtsgerichtsdienergehilfen, Invalidenversicherungspflicht 01, 5.

Amtsgerichtsgebäude, Geschäftsräume des Gerichtsvollziehers in dem A. 99, 520.

Amtsgerichtsvorstände, Bestimmungen bezüglich des Gerichtsvollzieherwesens 99, 501, 522, 523, 525, 526 f., 528, 1135 f., 1136, 1142, 1143, 1144, 1147 f., 1148, 1161, 1171, 1174, 1177, 1178, 1181, 1185, 1186, 1187, 1188, 1189, 1194, 1196 — Anordnungen bezüglich des Nachlaßwesens 00, 38, 39; bezüglich der Führung des Registers der freiwilligen Gerichtsbarkeit 00, 91; bezüglich des Vormundschaftswesens 00, 208, 209, 212 — Obliegenheiten bei Gesuchen um Gestattung des mündlichen Verhandelns vor einem Amtsgericht 00, 115 f.

Amtsgeschäfte der Notare 99, 595 ff.

Amtshandlungen der Notare, Vergütungen hiefür 99, 761 ff.

Amtskleidung der Ratsdiener, Boten, Gefängniswärter und Amtsgerichtsdiener rc. 97, 165.

Amtspflicht, allgemeine, der Notare 99, 595 f.

Amtsrichter, Bestimmungen für die mit dem Strafvollzug betrauten A. bezüglich der bedingten Begnadigung Verurteilter 96, 78 ff.; im Forstrügeverfahren 96, 85 ff. — Erteilung der Erlaubnis zur Vornahme einer Zustellung von Amtswegen zur Nachtzeit und an Sonn- oder allgemeinen Feiertagen 99, 486 f., 495 f., desgl. einer Zustellung im Parteiauftrage 99, 1144 f.; 00, 633; desgl. zur Vornahme von Vollstreckungshandlungen 99, 1144 f.; 00, 669 f.

Amtssachen, Portopflicht und Portofreiheit in A. 00, 591 ff.

Amtssiegel der Notariate 99, 758 f., 593, 595, 607, 611, 639, 643, 644, 645, 648, 666, 667, 673, 674, 675, 700 — s. a. Dienstsiegel.

Amtssprache der Notare 99, 627 f.

Amtsstunden s. Geschäftsstunden.

Amtsübernahme durch Notare 99, 592 ff., 600, 614 — durch Notariatsverweser 99, 698 f. — durch Gerichtsvollzieher 99, 1144.

Amtsverschwiegenheit der Gerichtsvollzieher 99, 1143.

Amtsverweser der Gerichtsvollzieher 99, 527 ff., 1149, 1194 — s. a. Notariatsverweser.

Amtsverwesung der Notariate 99, 696 ff.

Amtswegen, Ausführung der Zustellungen von A. 99, 475 ff. — insbesonders Fälle derselben 99, 475 f. — in bürgerlichen Rechtsstreitigkeiten und im Konkursverfahren 99, 475 f., 476 ff.; insbes. durch den Gerichtsdiener 99, 481 ff., 521; durch die Post 99, 489 f.; durch Aufgabe zur Post 99, 477, 490 f.; im Ausland und öffentliche Zustellungen 99, 491 — im Zwangsversteigerungs- und im Zwangsverwaltungsverfahren 99, 476, 491 f. — in Grundbuchsachen 99, 476, 492 — in den Angelegenheiten der freiwilligen Gerichtsbarkeit 99, 476, 492 ff. — in Strafsachen 99, 476, 495 ff.; 00, 582 f. — in Forstrügesachen 99, 476, 497 ff. — in militärgerichtlichen Strafsachen 99, 499 — in den Gefängnissen der Justizverwaltung 99, 500 f. — Zustellungen von A. durch Notare 99, 608 f., 647, 653, 662 f., 683 f., 762, 775 — Eintragungen und Löschungen von Amtswegen im Handelsregister 99, 849 ff., 869, 871, 931 f.; insbes. im Firmenregister 99, 879, 886; im Genossenschaftsregister 99, 938, 943 f., 962; im Börsenregister 99, 988, 990; im Schiffsregister 99, 1008 — Portopflicht der Zustellungen von Amtswegen 00, 591 ff. — s. a. Formulare, Register, Verkauf, Zustellungsurkunde.

Anerkennung der Vaterschaft zu einem unehelichen Kinde 00, 186 f. — s. a. Mitteilung.

Anfertigung von Abschriften oder Entwürfen im amtlichen Verkehr 01, 367.

Angebot, thatsächliches, einer Leistung durch den Gerichtsvollzieher 99, 521, 534 f.; 00, 762 ff.

Angehörige s. Familienangehörige, Reichsangehörige.

Angeklagter, Vorladung des auf freiem Fuße befindlichen A. in Forstrügesachen 99, 497, 498 — s. a. Angeschuldigter.

Angelegenheiten der freiwilligen Gerichtsbarkeit, Führung des Registers hierüber 00, 89 ff.

Angeschuldigter, Bestimmungen bezüglich der dem freigesprochenen oder außer Verfolgung gesetzten A. von der Staatskasse zu ersetzenden notwendigen Auslagen 98, 228 ff., 277, 278 f. — s. a. Angeklagter.

Anheftung der Versteigerungsbekanntmachung in Subhastationen 99, 165; durch Gerichtsvollzieher 99, 520; 00, 731 — der Aufforderung zur Grundbuch-Anmeldung in den Landesteilen rechts des Rheins 01, 499 f.

Anhörung des Gemeindewaisenrats durch das Vormundschaftsgericht 00, 183, 185 f., 187, 200.

Anlage, bauliche A. von Privatirrenanstalten 96, 38, 40 — gerichtlicher Depositen bei der K. Bank 99, 1121 ff.; 01, 423 f. — von Mündelgeldern 99, 383 f.; 00, 103, 113 f., 189 f. — s. a. Aktenanlage, Geldanlage.

Anlegung s. Grundbuch, Gelder.

Anlegungsbeamte für das Grundbuch in den Landesteilen rechts des Rheins, Geschäftsanweisung 98, 507 ff.

Anleitung zur Führung des Amtes als Vormund 00, 184; desgl. als Gegenvormund 00, 185; desgl. als Pfleger 00, 202 — zur Erbschaftssteuerfallsanmeldung 00, 470 f. (Form. 475 ff.) — von Lehrlingen, Befugnis hiezu 01, 257 ff., 260 ff.

Anmeldung der im Hypothekenbuch nicht eingetragenen Rechte 98, 260 ff.; 01, 489 ff. — zur Eintragung in das Handelsregister 99, 806, 807, 808, 817, 818, 819 ff., 903; desgl. in das Genossenschaftsregister 99, 936 f., 939 ff., 955 ff.; desgl. in das Musterregister 99, 974, 984; desgl. in das Schiffsregister 99, 1000 ff.; in das Vereinsregister 99, 1027 ff., 1037, 1051 — zu den Prüfungen für den höheren Justiz- und Verwaltungsdienst 99, 204 ff., 241 ff. — s. a. erzwungene Anmeldung, freiwillige Anmeldung, mündliche Anmeldungen, notwendige Anmeldung, schriftliche Anmeldungen.

Anmeldungsberechtigte im Grundbuch-Anmeldungsverfahren in den Landesteilen rechts des Rheins 01, 503 f.

Anmeldungsprotokoll im Grundbuch-Anmeldungsverfahren in den Landesteilen rechts des Rheins 01, 502 f.

Anmeldungstage im Grundbuch-Anmeldungsverfahren in den Landesteilen rechts des Rheins 01, 502.

Anmeldungsverfahren bei Anlegung des Grundbuchs in den Landesteilen rechts des Rheins 98, 260 f.; 01, 489 ff. — bezüglich der Führung des Handelsregisters 99, 841 ff.

Annahme des Schriftstücks bei Zustellung von Amtswegen 99, 486; desgl. im Parteiauftrage 00, 633 — von Hinterlegungen bei den amtsgerichtlichen Hinterlegungsstellen 99, 1059, 1062 f. — zur vorläufigen Verwahrung 99, 1070 — offener Depots bei der K. Bayerischen Bank, Bedingungen hiefür 01, 416 ff. — s. a. Kindesstatt, Regulative, Verweigerung, Weisung.

Annahmeverzug des Schuldners bei Zug um Zug-Leistungen 00, 657 f.,

663, 762 f. — des Gläubigers 00, 657 f., 736, 762 f.
Annahmeweisung s. Weisung.
Anordnungen der Amtsgerichtsvorstände in bezug auf das Gerichtsvollzieherwesen s. Amtsgerichtsvorstände — der Vormundschaft 00, 181 ff., 213 — einer Pflegschaft 00, 199 f., 213 — sonstige A. des Vormundschaftsgerichts 00, 203 — Vollstreckung gerichtlicher Anordnungen in Angelegenheiten der freiwilligen Gerichtsbarkeit 00, 737 f. — Form der A. des Gerichts im Grundbuch-Anmeldungsverfahren in den Landesteilen rechts des Rheins 01, 501 — s. a. Vollstreckungsgericht.
Ansatz s. Gebührenansatz.
Ansbach, Übertragung der Besorgung des gerichtlichen Hinterlegungswesens für den Bezirk des Amtsgerichts dortselbst an die K. Bank 99, 1115.
Anschaffungskosten der zum Vollzuge der Bestimmungen über die bedingte Begnadigung erforderlichen Druckformulare 96, 311 f. — des Formularpapiers zum Handels-, Vereins-, Genossenschafts- und Güterrechtsregister 01, 441; desgl. zum Gebührenwesen 00, 390.
Anschlußpfändung 00, 704 ff.
Ansinnen an Behörden, welche der veranlassenden Stelle oder Behörde nicht untergeordnet sind, Form 01, 369.
Anstalten s. Erziehungsanstalten, Irrenanstalten, Kreditanstalten, Pensionsanstalt, Postanstalten, Privatirrenanstalten, Strafanstalten, Untersuchungsanstalten.
Anstaltsleiter in Privatirrenanstalten 96, 38 ff.
Anstaltsvormund, Bestimmungen hierüber 00, 103, 196 f., 543.
Anstellung im höheren Justizstaatsdienst 01, 49 ff., 54 ff. — s. a. Probeanstellung, ferner Übersicht.
Anteil des Gerichtsvollziehers oder einer Gerichtsvollzieherei an den Gebühren für Zwangsvollstreckungen, Wechselproteste und andere Geschäfte 99, 523 f., 525, 527, 531; 01, 176; desgl. der mit dem Gerichtsvollzieheramt als Nebenamt betrauten Amtsgerichtsdiener und der mit Besorgung des Gefängnisdienstes betrauten Gerichtsvollzieher 99, 525 f.
Anteilscheine zu Lotterien, Vertrieb durch niederländische Firmen 97, 33, 134 — s. a. Gewinnanteilscheine.
Anträge auf Erteilung beschränkter Hypothekenauszüge 96, 308, 309 f. — Befugnis Bevollmächtigter zur Stellung von A. in bezug auf die Börsenregister 96, 338 — auf Eintragung von Grunddienstbarkeiten in das Hypothekenbuch 99, 166 ff. — des Beschuldigten in bezug auf seine Verteidigung für die Hauptverhandlung 99, 496, 500 f. — zum Handelsregister 99, 817 — zum Genossenschaftsregister 99, 936 ff. — zum Musterregister 99, 973, 974, 976 — zum Börsenregister 99, 986 ff. — zum Schiffsregister 99, 1003 ff. — zum Güterrechtsregister 99, 1031 f., 1039 — auf Herausgabe hinterlegter Sachen 99, 1064 ff., 1072, 1076, 1084, 1085, 1087, 1089, 1117 — auf Erteilung eines Erbscheins 00, 17 ff., 34 — auf Anordnung der Nachlaßverwaltung 00, 21, 22 — auf Auseinandersetzung in Ansehung eines Nachlasses 00, 27, 34, 37 — Entgegennahme von A. in Nachlaßsachen 00, 34; in Vormundschaftssachen 00, 205 — auf Ehelichkeitserklärung 00, 102, 108 — auf Volljährigkeitserklärung 00, 109 — auf Feststellung der Abstammung eines unehelichen Kindes 00, 186 — auf Beisetzung eines Vermerkes am Rande einer Geburtsurkunde 00, 862 ff. — zur Aufnahme als ordentliches Mitglied in den Pensions- und Unterstützungsverein der nicht rechtskundigen Gehilfen bei den K. Bayerischen Notariaten 00, 1092 (Form. 1109) — auf Vornahme des Abmarkungsgeschäfts 01, 107 (Form. 139) — in amtlichen Berichten 01, 366.
Antragsteller als Schuldner der entstandenen Gebühren und Auslagen 00, 361.
Antritt s. Strafantritt.
Anwärter s. Militäranwärter.
Anwalt, Zustellung von Anwalt zu Anwalt durch den Gerichtsvollzieher im Parteiauftrage 99, 1156; 00, 641 f., 623 — s. a. Rechtsanwälte.
Anwaltskammern, Anzeige des Rechtspraktikanten an die A. vom Eintritt bezw. Austritt aus dem Vorbereitungsdienst 99, 228 — Einholung des Gutachtens des Vorstands der A. vor der Verbescheidung des Gesuchs um Zulassung eines weiteren Rechtspraktikanten zum Vorbereitungsdienst bei einem Rechtsanwalt 99, 230 — Personalstand der Vorstände der A. für 1901: 01, 227 ff.
Anwartschaft s. Pensionsanwartschaft.
Anweisung zur Probeentnahme von Fetten und Käsen 98, 129 f. — der festgesetzten notwendigen Auslagen an einen freigesprochenen oder außer Verfolgung gesetzten Angeschuldigten 98,

229 f., 278 f. — zur Führung des Waisenratsamts 99, 571 ff. — des Oberstaatsanwalts bei dem Oberlandesgerichte Zweibrücken an die Standesbeamten in der Pfalz 99, 1311 ff. — der Generaldirektion der K. Bayerischen Posten und Telegraphen zur postdienstlichen Behandlung der Schreiben mit Zustellungsurkunde 00, 503, 504 ff., 612 — des Standesbeamten zur Vornahme einer Amtshandlung 00, 864 ff. — zum Vollzuge des Personenstandsgesetzes 00, 874 ff., 873 f. — für die Gemeindebehörden zur Errichtung von Testamenten vor dem Gemeindevorsteher 01, 24, 25 ff. — für den zweiten Abschnitt des Grundbuchanlegungsverfahrens (Anmeldungsverfahren) in den Landesteilen rechts des Rheins 01, 489 ff. — s. a. Dienstanweisung, Geschäftsanweisung, Postanweisungen.

Anzeigen vom Wechsel in der ärztlichen Leitung einer Privatirrenanstalt 96, 38 — über Aufnahme von Pfleglingen in Privatirrenanstalten 96, 42 f., 44 — der landgerichtlichen Staatsanwälte über die Behandlung von Begnadigungsgesuchen an das K. Justizministerium 96, 194 — von Güterzertrümmerungen seitens der Güterhändler an das Rentamt 98, 92, 83 f., 100 ff. — der Gendarmeriemannschaften und Ortspolizeiorgane an die Distriktsverwaltungsbehörde über das Erscheinen von Zigeunern 99, 106 — über die Niederlegung eines Schriftstücks bei Zustellung von Amtswegen 99, 481; desgl. im Parteiauftrag 00, 630, 634 — in bezug auf das Gerichtsvollzieherwesen 99, 523, 1136, 1141, 1143, 1174, 1177, 1189 — der Standesbeamten über Geburten, Verehelichungen und Todesfälle an die Amtsgerichte 99, 578 ff. — bezüglich des Nachlaßwesens 00, 1 f., 7, 31 — bezüglich des Vormundschaftswesens 00, 182 f., 184, 196, 202, 204 — bezüglich der Erbschaftssteuer 00, 469, 471 f. — über die Aufnahme und den Dienstaustritt von Notarariatsgehilfen 00, 1087 (Form. 1111, 1113) — s. a. Fehlanzeigen, Fundanzeigen, Todesanzeigen, Vollzugsanzeigen.

Arbeiter s. Hilfsarbeiter.

Arbeitshäuser, Jahresberichte 98, 106 — Unterbringung von Personen in den A. 01, 282 f. — Arbeitsthätigkeit in den A. s. Übersicht.

Arbeitsthätigkeit in den Strafanstalten und Arbeitshäusern des Königreichs s. Übersicht.

Armenrecht, Gewährung des A. in Angelegenheiten der freiwilligen Gerichtsbarkeit 00, 348 f. — in Notariatssachen 01, 207 f.

Armenrechtssachen, Anfertigung der zur Zustellung in A. erforderlichen Abschriften 96, 334 — Bestimmungen für Gerichtsvollzieher hinsichtlich A. 99, 1151, 1153, 1154 f., 1157, 1165, 1166, 1170 — Portopflicht der auf dem Gebiete der streitigen Rechtspflege in denselben vorkommenden Postsendungen 00, 338, 349, 939 f.

Armensachen, Portofreiheit in A., dann Entscheidung über Behandlung von Gegenständen als solche 00, 338, 339, 593, 594 — Vergütung von Tagegeldern und Reisekosten an Notare bei auswärtigen Dienstgeschäften in A. aus der Staatskasse 01, 207 f.

Armutszeugnis in Prozeßsachen für vermögenslose Mündel 00, 195 (Form. 253).

Arrest, Mitwirkung des Gerichtsvollziehers bei der Vollziehung des A. 99, 1164, 1192; 00, 731 ff., 647 — s. a. Sicherheitsarrest, Vormerkung.

Arrestpfandrecht 00, 733.

Asservate der Gerichtsvollzieher 99, 1171 ff., 1183, 1188.

Asservatenbuch der Gerichtsvollzieher 99, 1159, 1171 ff., 1177, 1183 (Form. 1211 ff.).

Asservatenbuchnummern der Gerichtsvollzieher 99, 1172, 1175.

Assistenten s. Sekretariatsassistenten.

Aufbewahrung der Strafnachrichten 96, 274, 275 f., 280, 282 — von Steckbriefnachrichten 96, 281 f. — der Zeichnung von Unterschriften bei den Registergerichten 99, 895 ff. — zum Handelsregister eingereichter Schriftstücke 99, 903 — der bei den Gerichten hinterlegten Gelder, Wertpapiere, Kostbarkeiten und Urkunden 99, 1058 ff. — der Geschäftsbücher, Register, Akten und Belege der Gerichtsvollzieher 99, 1180 f. — der Gelder und Asservate im Gerichtsvollzieherwesen 99, 1183 — der Nebenregister und der Duplikate der Zivilstandsregister in der Pfalz 99, 1310 — der abgeschlossenen Vorschußregister des Gerichtsschreibers 00, 363.

Aufenthaltsort, Nachsendung eines Schriftstückes an den A. des Zustellungsempfängers bei Zustellungen von Amtswegen durch die Post 99, 489 f.; desgl. im Parteiauftrage 00, 639.

Auffindung s. Leichen.

Aufforderungen im Strafverfahren 99, 497 — in Nachlaßsachen 00, 16 f., 17 f.,

19, 26; insbes. öffentliche A. der Nachlaßgläubiger **00**, 21 ff. — des Vormundschaftsgerichts an den Gemeindewaisenrat zum Vorschlag einer als Vormund geeigneten Person **00**, 183; desgl. als Beistand 201 — an den Vormund, Gegenvormund und Gemeindewaisenrat zur Aufschlußerteilung über die persönlichen Verhältnisse eines Mündels **00**, 196 (Form. 255) — an den Vormund, Pfleger oder Beistand zur Einreichung der Schlußrechnung **00**, 197 (Form. 257) — an den Vormund eines vermögenslosen Mündels zum Schlußberichte **00**, 197 (Form. 259) — zur Einreichung des Vermögensverzeichnisses nach dem Tode des einen Elternteils **00**, 204 (Form. 279) — zur Grundbuch-Anmeldung in den Landesteilen rechts des Rheins **01**, 497 ff., 510 — s. a. Zahlungsaufforderungen.

Aufgabe zur Post, Zustellung von Amtswegen hiedurch **99**, 477, 490 f. — Zustellung durch den Gerichtsvollzieher im Parteiauftrage hiedurch **99**, 1144, 1163; **00**, 640 f.

Aufgaben der Feldgeschworenen **01**, 154 ff. — s. a. Prüfungsaufgaben.

Aufgebot vor der Eheschließung **99**, 359 ff.; **00**, 898 ff. — Zuständigkeit für Befreiung von dem vor der Eheschließung zu erlassenden A. **00**, 101.

Aufgebote von bayerischen Staatsschuldverschreibungen auf den Inhaber **96**, 114 — Nichtaufnahme des A. gestohlener Sachen ins Deutsche Fahndungsblatt **99**, 95.

Aufgebotsverfahren, Zuständigkeit für das A. zum Zwecke der Todeserklärung eines bayerischen Staatsangehörigen, der einen Wohnsitz im Deutschen Reich nicht gehabt hat **00**, 582.

Aufhebung der Witwen- und Waisenfondsbeiträge der im Staats- und sonstigen öffentlichen Dienste stehenden Beamten **00**, 1200.

Auflage von öffentlichem Interesse, Vollziehung **00**, 103.

Aufnahme von Gerichtsschreibergehilfen **97**, 116 — von Strafgefangenen **98**, 27 f., 79 — von Steckbriefen und Bekanntmachungen im Deutschen Fahndungsblatt **99**, 90, 91 ff. — von Notariats-Gehilfen und Inzipienten **01**, 341, 351 — s. a. Anzeige.

Aufnahmsurkunde für die ordentlichen Mitglieder des Pensions- und Unterstützungsvereins der nicht rechtskundigen Gehilfen bei den K. Bayerischen Notariaten **00**, 1092 (Form. 1110).

Aufrundung s. Abrundung.

Aufschlüsse, Erholung von A. über den Inhalt des Hypothekenbuchs durch das Notariat **01**, 263 ff. — Erteilung von A. über thatsächliche Verhältnisse an die Staatsanwaltschaft und die Gerichte im Strafprozesse durch die Oberbahnämter **01**, 458.

Aufschreibbuch der Notariate für die Übersendung und Aushändigung von Akten und Urkunden an Behörden, Beamte und Private **99**, 609, 599 (Form. 725 f.)

Aufschrift s. Briefaufschrift.

Aufschub der Strafvollstreckung behufs bedingter Begnadigung **96**, 71 f., 72 ff. 227 ff.; **97**, 15 f. — s. a. Strafaufschub.

Aufseher s. Gefängnisaufseher, Hilfsaufseher.

Aufsicht über die Börsen in München und Augsburg **96**, 372 f. — über die Gerichtsvollzieher **99**, 526 f., 1188 f. — über die Amtsführung der Standesbeamten in der Pfalz **99**, 1305 ff. — des Vormundschaftsgerichts **00**, 187 ff. 197, 202 — über die rechnerische Behandlung des Gebührenwesens **00**, 335 f. — über die Feldgeschworenen **01**, 171 f. — s. a. Bauaufsicht, Dienstaufsicht, Oberaufsicht.

Aufsichtsbehörden bei der ersten Prüfung für den höheren Justiz- und Verwaltungsdienst **99**, 183, 203, 214 f.; bei der zweiten Prüfung hiefür **99**, 246, 249 f. — für Rechtspraktikanten **99**, 231 — für Gerichtsvollzieher **99**, 526 — Benachrichtigung der Aufsichtsbehörden durch die Beamten und Bediensteten des Justizressorts von der erfolgten Einberufung zu einer militärischen Übung und weitere Obliegenheiten der A. hiewegen **01**, 321 — s. a. Dienstaufsichtsbehörden.

Aufstellung der Gerichtsvollzieher bei den Amtsgerichten **99**, 517 f., 519 — der Gesamtliste der Eintragungen in die Börsenregister **99**, 991, 999 (Form. 997) — der Feldgeschworenen **01**, 149 ff. — über die Bewegung im Hypothekenverkehr in den Landesteilen rechts des Rheins s. Nachweisung.

Auftrag an den Gerichtsvollzieher **99**, 521, 1181 f., 1185 ff. — an den Gerichtsschreiber oder Notar zur Vornahme der Siegelung, Hinterlegung und Anfertigung des Nachlaßverzeichnisses **00**, 8 f. (Form. 41) — zur Aufnahme des Nachlaßverzeichnisses **00**, 9; desgl. des Nachlaßinventars **00** 24; desgl. des Verzeichnisses des Vermögens eines Kindes, Mündels oder Pfleglings 00, 188 f. (Form. 239) — s. a. Parteiauftrag.

Aufwand, ordentlicher, auf Hypothekenbücher 01, 176 f. — s. a. Ersatz.

Aufzeichnung der Staatsanwälte über telephonisch geführte Gespräche zu den Akten 96, 60 — der zur Konkursmasse gehörigen Gegenstände durch Gerichtsvollzieher 99, 533; 00, 760 ff.

Augsburg, K. Amtsgericht, Behandlung des Gebühren- und Rechnungswesens daselbst 96, 36 — Übertragung der Besorgung des gerichtlichen Hinterlegungswesens für den Bezirk desselben an die K. Bank 99, 1115.

— K. Landgericht, Behandlung des Gebühren- und Rechnungswesens bei demselben 96, 248.

s. a. Börsen.

Ausbezahlung s. Auszahlung.

Ausbildung der Rechtspraktikanten 99, 231, 232 ff. — von Kandidaten zu den Stellen des höheren Militärverwaltungsdienstes ꝛc. ꝛc. s. Regulative.

Auseinandersetzung in Ansehung eines Nachlasses, Verzeichnis der Notariate hierüber 99, 608 (Form. 715 ff.) — Vornahme durch die Notare 99, 682 ff.; durch das Nachlaßgericht 00, 26 ff. (Form. 75 ff.) — s. a. Gesamtgut, Vermittelung.

Auseinandersetzungsplan in Nachlaßsachen 00, 29, 30, 34.

Ausfertigungen, Zustellung von Amtswegen 99, 476, 496; durch die Gerichtsvollzieher 00, 622, 624, 635, 636, 637 — von Notariatsurkunden 99, 635, 636, 643, 645, 646, 690, 691, 693 — Erteilung von A. der Notariatsurkunden 99, 654 ff. (Notariatsgebühr 99, 778) — des Nachlaßgerichts 00, 34 f.; insbes. des Erbscheins 00, 19, 34 f. — des Vormundschaftsgerichts 00, 206 — derjenigen Protokolle in Vormundschaftssachen, die eine rechtsgeschäftliche Erklärung enthalten 00, 206 — Vormerkung der Kosten im Gebührenwesen auf den A. 00, 350 — s. a. Ministerialausfertigungen, vollstreckbare Ausfertigung, ferner Beglaubigung.

Ausfertigungsvermerk der Notare 99, 655 ff.

Ausführung von Gesetzen, Verordnungen ꝛc. ꝛc. s. die bezüglichen Bestimmungen.

Ausführungsgesetz vom 23. Februar 1879 zum Gerichtsverfassungsgesetze, Vollzug 96, 205 f.; insbesondere des Art. 65: 99, 517 ff.; der Art. 69 ff.: 00, 997 ff.; des Art. 76 Abs. 3: 99, 1057 ff., 1115 f.; 01, 407 ff.

— vom 9. Juni 1899 zu der Grundbuchordnung und dem Gesetze über die Zwangsversteigerung und Zwangsverwaltung, Vollzug des Art. 55: 99, 165.

— vom 9. Juni 1899 zum Bürgerlichen Gesetzbuche, Vollzug des Art. 2: 00, 108 f.; des Art. 100: 00, 543; des Art. 106: 99, 549 ff. — Vollzug der Vorschriften desselben über den Gemeindewaisenrat: 99, 553 ff. — Auszug hieraus bezüglich der Registerführung bei den Amtsgerichten 99, 798 ff.; insbes. bezüglich der Führung des Genossenschaftsregisters 99, 958.

Ausgaben bei den Prüfungen für den höheren Justiz- und Verwaltungsdienst 99, 225 ff.

Aushändigung der von Amtswegen durch die Post zuzustellenden Schriftstücke 99, 490, 493 f., 494 — s. a. Aktenaushändigung.

Aushang, Mitteilung an Beteiligte durch A. in Angelegenheiten der freiwilligen Gerichtsbarkeit 99, 495.

Aushilfsschreiber, Invalidenversicherungspflicht der bei den Gerichten, Staatsanwaltschaften und Strafanstalten beschäftigten A. 01, 5 f. — Nachweisung der Bezüge der aus Anlaß der Einführung des Grundbuchs aufgenommenen A. 01, 177.

Auskunftserteilungen über Bestrafungen s. Mitteilung, wechselseitige, von Strafurteilen.

Ausländer s. Ausland.

Auslagen, Einzahlung der A. vor Hinausgabe der bei Gericht hinterlegten Depositen 97, 13 f. — dem freigesprochenen oder außer Verfolgung gesetzten Angeschuldigten von der Staatskasse zu erstattende notwendige A. 98, 228 ff., 277, 278 f. — der Notariate 99, 779 ff. — der Gerichtsvollzieher 99, 1151 ff., 1157, 1164 f., 1166, 1168, 1170 — Behandlung im Gebührenwesen 00, 349 ff., 340, 342, 366, 377 ff., 383 — Ersatz und rechnerische Behandlung der A. der Waisenräte 01, 183 f. — Nichterstattung der A. für Einziehung und Beitreibung von in einem andern Bundesstaate erwachsenen Kosten in Angelegenheiten der freiwilligen Gerichtsbarkeit und in Grundbuchsachen 01, 319 f. — s. a. Gerichtsauslagen.

Auslagenregister der Gerichtsschreiber über die aus der Staatskasse vorgeschossenen Gerichtsauslagen **00**, 364 f., 366, 377 (Form. 409 ff.).

Auslagenvorschüsse im Gebührenwesen, rechnerische Behandlung durch den Gerichtsschreiber **00**, 359 f., 366.

Ausland, Verpflichtung der vor ungarischen Gerichten als Kläger auftretenden Ausländer zur Sicherheitsleistung **96**, 159 f. — Mitteilungen über die im Ausland erfolgten Verurteilungen **96**, 275, 279 — Mitteilung über Verurteilung von Ausländern (Niederländern) **98**, 172 — Aufnahme von Bekanntmachungen der Zentralbehörden hinsichtlich der von ausländischen Regierungen verfolgten Verbrecher im Deutschen Fahndungsblatt **99**, 94 — Geschäftsverkehr mit den Marinegerichten im A. **99**, 355 f. — Zustellungen von Amtswegen im A. **99**, 491; insbes. in Angelegenheiten der freiwilligen Gerichtsbarkeit **99**, 493 — Kostenerhebung von Ausländern **00**, 386 — Ersuchschreiben der Notare um Bewirkung von Zustellungen im Auslande **01**, 459 f. — im A. zu erledigende Ersuchschreiben der Justizbehörden **01**, 645 — s. a. Kiautschou, Lose.

Auslauf, Mitwirkung des Gerichtsvollziehers bei Besorgung des gerichtlichen A. zur Post **99**, 522.

Auslieferung, das behufs Erwirkung von A. aus auswärtigen Staaten von den Justizbehörden zu beobachtende Verfahren **96**, 194 f.; **97**, 182 f.; **98**, 3 ff.; **99**, 365 ff., 404 f.; **00**, 590 f. — von Verbrechern an außerdeutsche Staaten, Verfahren hiebei **98**, 2; **00**, 590 f. — von Akten im Strafprozesse durch Behörden der K. Verkehrsanstalten **01**, 457, 458 — s. a. die einzelnen Länder.

Auslieferungsvertrag des Deutschen Reichs mit den Niederlanden, Vollzug **98**, 3 ff.; insbes. des Art. 8: **99**, 365 ff., 404 f.

Ausscheidung des Gerichtsvollziehers aus dem Dienste **99**, 524 — s. a. Aktenausscheidung.

Ausschreibungen im Bayerischen Zentral-Polizeiblatt **99**, 14, 16 — der Vormundschaftsgerichte über Entmündigungen im Kreisamtsblatte **00**, 1226 — s. a. Spähe-ausschreiben.

Ausschuß s. Admissionsausschuß, Gemeindeausschüsse, Zentralausschuß.

Außerehelich s. Unehelich.

Aussetzung der Strafvollstreckung s. Strafaufschub, bedingte Begnadigung.

Austausch von Strafnachrichten s. Mitteilung.

Ausweise s. Geschäftsausweise.

Ausweisungen **99**, 94.

Auszahlung der festgesetzten notwendigen Auslagen an einen freigesprochenen Angeklagten oder außer Verfolgung gesetzten Angeschuldigten **98**, 229 f., 278 f. — des Gebührenanteils, der Reiseentschädigungen und der Gebühren für Vornahme gewisser Geschäfte der Gerichtsvollzieher **99**, 525 — der Sterbemonats- und Sterbenachmonatsraten **00**, 1153, 1154 f. — der Besoldungen von pragmatischen Beamten, dann von nicht pragmatischen statusmäßigen Beamten und Bediensteten durch die Rentämter **01**, 177.

Auszüge aus der Vormerkungsliste der Amtsgerichte über den Vollzug von Freiheitsstrafen **96**, 82 — aus dem Vorladungsverzeichnisse zur Hauptverhandlung in Forstrügesachen **99**, 498 — aus den Gefängnisbüchern als Geschäftsübersichten **00**, 1284 (Form. 1381 f., 1383 ff.) — aus dem Schema zu den Staatsfonds-Rechnungen **01**, 173 ff. (Form. 185 ff.) — s. a. Grundsteuerkatasterauszüge, Hypothekenauszüge, Strafregisterauszüge, ferner Beglaubigung, Schreibgebühren.

Autographie-Pressen, Benützung im amtlichen Verkehre **01**, 368.

B.

Baden, Kosten der Rechtshilfe in der freiwilligen Gerichtsbarkeit **01**, 266.

Bamberg, Übertragung der Besorgung des Hinterlegungswesens für die Bezirke der Amtsgerichte in Bamberg an die K. Bank **99**, 1115.

Bank, Königliche, Anlage der gerichtlichen Depositen bei derselben **99**, 1060, 1121 ff.; **01**, 423 ff. — Übertragung der Besorgung des gerichtlichen Hinterlegungswesens durch dieselbe **99**, 1071 ff., 1115 f.; 1116 ff.; **01**, 1 f., 3, 459 — Reglement für die Hinterlegungsstellen der K. Bank **99**, 1124 ff. — Hinterlegung zu offenem Depot **01**, 407 ff. — Hinterlegung von Mündelpapieren zu offenem Depot bei derselben **01**, 409 ff. — Bedingungen der Annahme offener Depots bei derselben **01**, 416 ff. — Anlegung verzinslicher Gelder bei den K. Bankanstalten **01**, 565 — s. a. Filialbanken, Hinterlegungsgebühren.

Banken s. Filialbanken, Handelsbank, Hypothekenbank, Hypotheken- und Wechselbank, internationale Bank, Landwirtschaftsbank, Vereinsbank.

Bauaufsicht 00, 941 f.
Bauunfälle 00, 941 f.
Bayern, Verehelichung von Bayern in der Schweiz 01, 646.
Bayreuth, Übertragung der Besorgung des gerichtlichen Hinterlegungswesens für den Bezirk des Amtsgerichts dortselbst an die K. Bank 99, 1115.
Beamte, Ersatzzustellung an B. einer Behörde, Gemeinde, Korporation oder eines Vereines von Amtswegen 99, 485; desgl. im Parteiauftrag 00, 631 f. — Sicherungsmaßregeln beim Tode eines Beamten 99, 549 ff. — Aufhebung der Witwen- und Waisenfonds-Beiträge der im Staats- und sonstigen öffentlichen Dienste stehenden Beamten 00, 1200 — Adresse in amtlichen Schreiben an B. 01, 366 — Mitteilung über strafgerichtliche Untersuchungen gegen solche an die Finanzbehörden 01, 551 — Aufstellung der Beamten der öffentlichen Untersuchungsanstalten für Nahrungs- und Genußmittel 01, 595; Vereidigung 01, 628 f. — s. a. Anlegungsbeamte, Fiskalbeamter, Gerichtsbeamte, Grundbuchbeamte, Hinterlegungsbeamte, Hypothekenbeamte, Militärbeamte, Registraturbeamte, Standesbeamte, Strafanstaltsbeamte, Subalternbeamte, Universitätsbeamte.
Beantwortung der Revisionsprotokolle durch Notare und Gerichtsschreiber 00, 375 f., 377, 378.
Bearbeitung der Aufgaben für die zweite Prüfung für den höheren Justiz- und Verwaltungsdienst 99, 245 ff. — s. a. Zensur.
Beaufsichtigung der amtsgerichtlichen Hinterlegungsstellen 99, 1061 f., 1080 ff. — der Grenzzeichen 01, 167 ff.
Beauftragter Richter, Erlaubnis zur Vornahme einer Zustellung von Amtswegen zur Nachtzeit oder an Sonn- und allgemeinen Feiertagen 99, 486 f.; desgl. einer Zustellung im Parteiauftrage 99, 1144 f.; 00, 633.
Bedienstete, Adresse in amtlichen Schreiben an B. 01, 366 — s. a. Gerichtsschreibereibedienstete, Dienstpersonen.
Bedingte Begnadigung 96, 71 f., 72 ff., 194, 227 f., 311 f.; 97, 15 f.
Beeidigung des Protokollführers beim ehrengerichtlichen Verfahren an den Börsen in München und Augsburg 96, 373 — der Kursmakler 96, 373.
Beendigung der Vormundschaft 00, 197 ff., 212, 213 — der Pflegschaft 00, 200 f., 212, 213 — der Beistandschaft 00, 203, 212, 213.
Befehle, Vollziehung durch Gerichtsvollzieher 99, 520 — s. a. Haftbefehle, Strafbefehle, Vollstreckungsbefehle, Zahlungsbefehle.
Beflaggung der Zivilstaatsgebäude 00, 1119 f.
Beförderung s. Personenbeförderung.
Befragungen des Gemeindewaisenrats durch das Vormundschaftsgericht 00, 183, 185, 187.
Befreite Vormundschaft 00, 187.
Befreiter Vormund, Einreichung von Übersichten über den Stand des Mündelvermögens durch dens. 00, 193, 195 — Übersendung der Bestallung und Mitteilung über die Einreichung der Vermögensübersicht an denselben 00, 195 (Form. 243) — Erinnerung desselben an die Einreichung der Vermögensübersicht 00, 195 (Form. 247).
Befreiung von Ehehindernissen und vom Aufgebote 99, 1296 f.; 00, 100 f., 105 f. — von den Erfordernissen des § 1744 des B.G.B. 00, 102, 106 f. — des Anstaltsvormunds 00, 196 f.
Begehung s. Grenzbegehung.
Beginn der Zwangsvollstreckung 00, 662 ff., 655 f., 721 — der Arrestvollziehung 00, 732 — der Vollziehung einer einstweiligen Verfügung 00, 735 — des Grundbuchanmeldungsverfahrens in den Landesteilen rechts des Rheins 01, 496 f.
Beglaubigung der Ausfertigungen notarieller Urkunden bei Zustellung solcher durch Gerichtsvollzieher 96, 117 f. — von Urkunden durch die russische Gesandtschaft 97, 14 — von Erklärungen nach Art. 4 Abs. 1 der Novelle zur Subhastationsordnung 97, 181 f. — von Urkunden zum Zwecke des Gebrauchs in den Vereinigten Staaten von Amerika 97, 183 — von Vollmachten im Grundbuchanlegungsverfahren 98, 606 f. — der Abschriften und Ausfertigungen bei der Zustellung von Amtswegen 99, 447, 499; desgl. bei der Zustellung im Parteiauftrage 99, 1150; 00, 625, 636, 640 — der Abschriften von Notariatsurkunden 99, 667 ff. — Notariatsgebühr für die Beglaubigung von Unterschriften und Handzeichen 99, 771 f.; desgl. von Abschriften und Ausfertigungen 99, 777 — von Abschriften und Auszügen, deren Fertigung besondere paläographische oder Sprachkenntnisse erfordert 00,

337 — s. a. Unterschriftsbeglaubigung.
Beglaubigungsvermerk der Notare **99**, 664 ff., 668, 669.
Begleit-Berichte (Schreiben) im amtlichen Verkehr **01**, 367.
Begleitbogen, Beifügung bei Aktenversendung **01**, 367 (Form. 377).
Begnadigung s. bedingte Begnadigung.
Begnadigungsgesuche, Behandlung **96**, 193 f.; **00**, 300.
Behändigungen mit oder ohne Beurkundung zum Zwecke der Bekanntmachung gerichtlicher Verfügungen in Angelegenheiten der freiwilligen Gerichtsbarkeit **99**, 493 f., 494, 521 — Notariatsgebühr für Behändigung von Urkunden **99**, 776.
Beheizung der Geschäftsräume des Gerichtsvollziehers **99**, 520.
Behörden, Beistandleistung der B. verschiedener Bundesstaaten zum Zwecke der Vollstreckung von Vermögensstrafen **96**, 167 f. — Portofreiheit der B. im Ortsverkehr **97**, 261 — Zustellungen von Amtswegen an B. **99**, 480, 482, 483, 485, 488, 511; desgl. durch den Postboten **00**, 514 f.; desgl. durch den Gerichtsvollzieher **00**, 628, 631 — dienstlicher schriftlicher Verkehr der öffentlichen Stellen und Behörden **01**, 364 ff. — Mitteilung an B. im Grundbuch-Anmeldungsverfahren in den Landesteilen rechts des Rheins **01**, 500 f. (Form. 521) — Schublieferungen durch nichtbayerische B. **01**, 550 — s. a. Aufsichtsbehörden, Ersatzbehörden, Finanzbehörden, Gemeindebehörden, Justizbehörden, Konsularbehörden, Marinebehörden, Messungsbehörden, Militärbehörden, Polizeibehörden, Sicherheitsbehörden, Verwaltungsbehörden, Zivilbehörden, ferner Bundesstaaten.
Beiblatt zum Zentral-Polizeiblatt für den Strafvollzug in Übertretungssachen **99**, 15 — zum Deutschen Fahndungsblatt **99**, 92 — zum Finanzministerialblatt **01**, 211.
Beilagen zum Hypothekenprotokoll **96**, 183; **97**, 143 f.; **99**, 166 — zur summarischen Übersicht der rechnungsführenden Gerichtsschreiber zu dem Gebührenregister der Gerichtsvollzieher **00**, 381 — Vortrag der Zahl und Art etwaiger B. in Eingaben von Privaten an öffentliche Stellen und Behörden **01**, 364; desgl in Reinschriften amtlicher Berichte, Schreiben und Erlasse **01**, 365 — Rückerbittung im amtlichen schriftlichen Verkehr **01**, 366.
Beisetzung eines Vermerks am Rande einer Geburtsurkunde, Anträge hierauf **00**, 862 ff.
Beistand bei Vollstreckung von Vermögensstrafen, Vollzug des Reichsgesetzes vom 9. Juni 1895: **96**, 167 f.
Beistände, Erinnerung an die Rechnungslegung **00**, 195 (Form. 245) — s. a. Ladung.
Beistandschaften, Bestimmungen hierüber **00**, 201 ff., 210 — Tabelle zur Statistik für B. **00**, 486 (Form. 495 f.) — Gebühren in solchen **00**, 539 ff.
Beistandschaftsakten **00**, 207 ff.
Beiträge zum Allgemeinen Unterstützungsverein für die Hinterlassenen der K. B. Staatsdiener und der hiemit verbundenen Töchterkasse **00**, 1192 ff. — s. a. Unterhaltsbeiträge, Witwen- und Waisenfondsbeiträge.
Beitreibung von Geldstrafen durch Gerichtsvollzieher **00**, 740 ff. — von Geldstrafen und Kosten in Strafsachen **00**, 300 f. — von Staats- und Notariatsgebühren durch Notariatsverweser **00**, 371 f. — s. a. Zwangsbeitreibung.
Beitrittserklärung für den Allgemeinen Unterstützungsverein für die Hinterbliebenen der K. B. Staatsdiener und der hiemit verbundenen Töchterkasse **00**, 1191 f.
Bekanntmachung, Veröffentlichung von B. für den Sicherheitsdienst oder die Strafrechtspflege im Bayerischen Zentral-Polizeiblatte **99**, 2 ff., 90 f. — Benützung des Deutschen Fahndungsblattes zu behördlichen B. **99**, 90, 91, 93, 94 — einer gerichtlichen Verfügung in Angelegenheiten der freiwilligen Gerichtsbarkeit **99**, 492 ff. — Vorschriften über die in Fundsachen u. s. w. von Staats- und Gemeindebehörden, von Staats- und Gemeindeanstalten sowie von Verkehrsanstalten, die von einer Privatperson betrieben werden, zu erlassenden B. **99**, 585 f. — der Verfügungen der Registergerichte, insbes. bezüglich des Handelsregisters **99**, 889 ff., 805, 806, 807, 808 f., 811, 818, 849, 869; desgl. bezüglich des Genossenschaftsregisters **99**, 936, 960 f.; desgl. des Musterregisters **99**, 975, 976 f., 983; des Börsenregisters **99**, 989, 990, 991; des Schiffsregisters **99**, 1008, 1010; des Vereinsregisters **99**, 1028, 1037; des Güterrechtsregisters **99**, 1032, 1039 — in Nachlaßsachen **00**, 16 f., 18, 19, 21, 23, 34, 35 — in Vormundschaftssachen **00**, 183, 205 — Porto-

pflicht von B., welche in den Angelegenheiten der freiwilligen Gerichtsbarkeit mit Einschluß der Grundbuch- und Hypothekensachen geschehen 00, 593 f. — der genehmigten Namensänderungen 00, 861 — im Grundbuch-Anmeldungsverfahren in den Landesteilen rechts des Rheins 01, 499 f., 509, 510 (Form. 515 f., 525).

Beköstigung von Strafgefangenen 98, 31.

Belastungsverhältnisse von Grundstücken, Zeugnisse der Rentämter hierüber 98, 82 f., 91 ff., 99 f. (Form. 104).

Belege zu Gesuchen um Aufnahme von Pfleglingen in Privatirrenanstalten 96, 42 — zu den Handelsregisterakten 99, 895, 903 — der Gerichtsvollzieher 99, 1144, 1169, 1174, 1180 f., 1189 — zu den Gebührenregistern der Notare 00, 357; der Gerichtsschreiber 00, 364 — zum Auslagenregister der Gerichtsschreiber 00, 365 — für die Veröffentlichung der Aufforderung zur Grundbuch-Anmeldung in den Landesteilen rechts des Rheins 01, 500.

Belegblätter des Bayerischen Zentral-Polizeiblattes 99, 13 — des Deutschen Fahndungsblattes 99, 93.

Belegnummern zu den Gebührenregistern der Gerichtsschreiber 00, 364.

Belehrung des Vormunds über seine Pflichten und Verantwortlichkeit 00, 183 f., 184.

Beleuchtung der Geschäftsräume des Gerichtsvollziehers 99, 520 — festliche B. der Zivilstaatsgebäude 00, 1120.

Belgien, Mitteilung der Verurteilung von Belgiern 96, 273 ff.

Benachrichtigungen in bezug auf bedingte Begnadigung Verurteilter 96, 79, 80, 81, 84 (Form. 93, 94, 106, 107) — vorsorgliche, des Schuldners und Drittschuldners von der beabsichtigten Pfändung einer Forderung 96, 118; 00, 642, 718 f. — der Börsen von dem Eintritte von Liquidationen und von der Eröffnung und der Beendigung von Konkursen 98, 265 f., 692 f. — an Beteiligte in Angelegenheiten der freiwilligen Gerichtsbarkeit 99, 495 — im Strafverfahren 99, 497 — im Gerichtsvollzieherwesen 99, 523, 1147, 1181 — der Rechtskandidaten vom Termine der Zwischenprüfung und vom Termine der Gestellung zum mündlichen Teile der ersten Prüfung 99, 209 — anläßlich der Führung der Handelsregister 99, 811, 851, 855, 856, 868, 913, 935, 938, 959 f., 965 ff., 990, 1012, 1033, 1037 — des Erben von der Übertragung der Aufnahme des Nachlaßinventars an den Notar oder Gerichtsschreiber 00, 24 (Form. 69) — eines im Verhandlungstermine ausgebliebenen Beteiligten über die Vereinbarungen oder Vorschläge in Ansehung der vorbereitenden Maßregeln zu einer Auseinandersetzung 00, 28 (Form. 77) — eines im Verhandlungstermin ausgebliebenen Beteiligten von dem Auseinandersetzungsplane 00, 29 (Form. 79) — des Gemeindewaisenrats durch das Vormundschaftsgericht 00, 184 — des Erblassers durch den Notar nach Errichtung eines Dorftestaments 01, 23 — über die Verhältnisse des Kanzleipersonals bei den Notariaten 01, 345, 351, 352 — im Grundbuch-Anmeldungsverfahren in den Landesteilen rechts des Rheins 01, 495 — s. a. Mitteilung.

Beratung s. Abstimmung.

Berechnung der Strafzeit 96, 44 — der Gebühren für Eintragung und Niederlegung von Mustern und Modellen 00, 613 f. — s. a. Kostenberechnung.

Berechtigte s. Anmeldungsberechtigte.

Bereinigung des Hypothekenwesens, Nachweisung des außerordentlichen Bedarfs hiefür 01, 176 f.

Bergwerks-, Hütten- und Salinenverwaltung, Verwahrung der Schlüsselduplikate der äußeren Ämter ders. 99, 364.

Berichte, Form amtlicher B. 01, 365, 366 (Form. 372 ff.) — s. a. Begleitberichte, Jahresberichte, Schlußbericht, Vierteljahresberichte, Visitationsberichte, Vollzugsberichte.

Berichterstattung der Amtsanwälte und Staatsanwälte bei strafrechtlicher Verfolgung von Deutschen bezw. Schweizern wegen der in der Schweiz bezw. Deutschland begangenen Verbrechen und Vergehen an das K. Justizministerium 97, 245 f. — bei Auslieferungsanträgen 98, 7 — über den Verlauf der Zwischenprüfung und der ersten Prüfung für den höheren Justiz- und Verwaltungsdienst 99, 222 f. — bezüglich des Gerichtsvollzieherwesens 99, 527, 1135, 1174 — in bezug auf das Notariatswesen 99, 694, 696, 697, 700, 759 — bezüglich der Gesuche um Gestattung des mündlichen Verhandelns vor einem Amtsgericht 00, 115 f. — des Vormunds, Gegenvormunds oder Gemeindewaisenrats über die persönlichen Verhältnisse eines Mündels 00, 196; desgl. des Anstaltsvormunds 00, 197; desgl. des

Beistands **00**, 202 — Eintragung der B. in den Terminskalender für Vormundschaften **00**, 211 — in bezug auf die Vorbereitung der periodischen Sitzungen der Schwurgerichte **01**, 15 ff. — in bezug auf Disziplin der Notare und Notariatsverweser **01**, 321 ff. — bezüglich des Grundbuch-Anmeldungsverfahrens in den Landesteilen rechts des Rheins **01**, 495, 495 f., 511 f. — bei Schublieferungen durch nichtbayerische Behörden an das K. Justizministerium **01**, 550.

Berichtigung der Grundsteuerkatasterauszüge im Grundbuchanlegungsverfahren **98**, 632 f. — in Notariatsurkunden **99**, 637 ff., 635, 667 f. — der Handelsregister **99**, 868, 944, 950, 1004, 1035; **01**, 35 ff. — s. a. Berichtigungsverfahren, Offizialberichtigung, Sollberichtigung.

Berichtigungsverfahren nach § 65 des Reichsgesetzes vom 6. Februar 1875 über die Beurkundung des Personenstandes und die Eheschließung **99**, 1240 f.; **00**, 866 ff.

Berufung des Gegenvormunds **00**, 185 — des Beistands **00**, 201.

Beschäftigung von Strafgefangenen **98**, 29 f. — der geprüften Bewerber um das Gerichtsvollzieheramt **99**, 520, 1141 f. — der Gerichtsvollzieheramtsbewerber während des Vorbereitungsdienstes **99**, 1135 — der geprüften Rechtspraktikanten **01**, 50 ff., 54 ff. — der Notariats-Inzipienten **01**, 351 — der Sträflinge, Nachweis hierüber s. Übersicht.

Beschäftigungsübersicht der Rechtspraktikanten **99**, 239 f. (Form. 303 ff., 307 ff.).

Beschaffung der Grenzzeichen durch die Gemeinden **01**, 135.

Bescheide der landgerichtlichen Staatsanwälte auf Strafaufschubsgesuche **96**, 227 — über Ablehnung der Eintragung in die Börsenregister **96**, 337 — über Streitfragen bezüglich der Pflicht zur Entrichtung von Gebühren und Auslagen oder bezüglich deren Größe **00**, 336, 342 — über die Beantwortung von Revisionsprotokollen **00**, 342, 376, 379 — Form amtlicher B. **01**, 366 — s. a. Rechnungsbescheid, Strafbescheid.

Bescheinigungen s. Empfangsbescheinigungen.

Beschlagnahme einzelner zum Vermögen des Angeschuldigten gehörigen Gegenstände durch die Gerichtsvollzieher **99**, 520; **00**, 743 f.

Beschlüsse, Eintrag in das Hypothekenprotokoll **97**, 143 f. — der Zensurkommission bezüglich der bei der zweiten Prüfung für den höheren Justiz- und Verwaltungsdienst gelieferten Arbeiten der Prüfungskandidaten **99**, 252 (Form. 321 ff.) — Beschlußfassung über Anmeldungen zum Handelsregister **99**, 844 ff. — des Nachlaßgerichts **00**, 17, 18, 19 — s. a. Visitationsbeschlüsse.

Beschränktes Zeugnis über die Fortsetzung der Gütergemeinschaft **01**, 388 (Form. 392).

Beschränkungen s. Verfügungsbeschränkungen.

Beschreibungen aufgefundener unbekannter Personen oder Leichen, Veröffentlichung im Bayerischen Zentral-Polizeiblatte **99**, 14.

Beschwerden gegen den ein Gesuch um Bewilligung der Bewährungsfrist ablehnenden Beschluß des Staatsanwalts oder Amtsanwalts **96**, 84; **97**, 15 f. — von Strafgefangenen über die Art der Strafvollstreckung und über die Verhängung von Disziplinarstrafen **98**, 35 — der Gemeinden über den Ansatz von örtlichen Besitzveränderungsabgaben oder über die Abrechnung bezüglich derselben **98**, 202 — gegen Abänderung bezw. Beanstandung von Einsendungen an die Redaktion des Bayerischen Zentral-Polizeiblattes **99**, 13 — gegen die Versagung der Zulassung zur Zwischenprüfung oder ersten Prüfung für den höheren Justiz- und Verwaltungsdienst **99**, 210 — der Gerichtsvollzieher gegen Disziplinarstrafen aussprechende Entscheidungen **99**, 527; desgl. gegen eine die Suspension aussprechende Verfügung des Amtsgerichtsvorstandes **99**, 527; desgl. in bezug auf Erinnerungen gegen den Ansatz ihrer Gebühren und Auslagen **99**, 537 — in Angelegenheiten der freiwilligen Gerichtsbarkeit **99**, 801 — gegen Verfügungen der Registergerichte **99**, 808, 809, 838 ff., 855, 909, 1008 — gegen Verfügungen und Entscheidungen in bezug auf das gerichtliche Hinterlegungswesen **99**, 1060, 1073 — gegen die Entscheidung des Landgerichts in Gebührensachen **00**, 349 — der Parteien wegen des Ansatzes von Gebühren und Auslagen im Gebührenwesen **00**, 387 ff. — s. a. sofortige Beschwerde.

Beseitigung des vom Schuldner gegen die Vornahme einer von ihm zu duldenden Handlung geleisteten Widerstandes, Zwangsvollstreckung zum Zwecke derselben **00**, 723 f.

Besetzung der Notariate 99, 733 ff. — von Sekretärstellen 01, 647.
Besichtigungen, periodische, von Privatirrenanstalten 96, 40 — informatorische, von Gerichten und Notaren 00, 1001, 1003, 1007.
Besitzentsetzung des Schuldners und Besitzeinweisung des Gläubigers bei Zwangsvollstreckung zur Erwirkung der Herausgabe einer unbeweglichen Sache oder eines bewohnten Schiffes, Mitwirkung des Gerichtsvollziehers 00, 647, 721 ff., s. a. 730 f.
Besitzveränderungsabgabe der Gemeinden 98, 195 f., 197 ff., 607 ff. — Genehmigungserteilung für die einzelnen Gemeinden 98, 231, 232, 233, 234, 264, 266 f., 281 ff., 612 f., 639, 663, 680, 697; 99, 2 f., 19 f., 63 f., 79 f., 95, 107 f., 144 f., 170, 336, 369, 386, 417, 434, 462, 542; 00, 121, 524, 545, 595, 615, 803, 947, 985, 1022, 1072, 1123, 1141, 1157, 1175 f., 1240; 01, 9, 213, 268, 288 f., 304, 328, 382, 395, 431, 475, 537.
Besitzveränderungsgebühren 00, 346.
Besoldungen, rechnerische Behandlung 01, 177.
Bestände s. Amtsbestände.
Bestätigungen, Prüfung der Frage der Notwendigkeit einer Bestätigung durch Notare 99, 622 ff. — der Notare 99, 644 — in Nachlaßsachen 00, 28, 29, 30, 31, 39 — des Vormunds über Aushändigung der Bestallung 00, 184.
Bestätigungskarten zu Postanweisungen als Rechnungsbelege 00, 585 ff. (Form. 589); 01, 174.
Bestallung des Nachlaßpflegers 00, 10 (Form. 43) — des Nachlaßverwalters 00, 22 (Form. 63) — des Vormunds 00, 184, 199 (Form. 221) — des Gegenvormunds 00, 185, 199 (Form. 223) — im Falle der befreiten Vormundschaft 00, 187 — für den Vormund eines Volljährigen 00, 187 — des Pflegers 00, 200 (Form. 269) — des Beistands 00, 202, 203 (Form. 277).
Bestellung der Kursmakler 96, 373 — des Gemeindewaisenrats 99, 553 f., 571 f.
Bestellzettel s. Anträge auf Erteilung beschränkter Hypothekenauszüge.
Bestrafungen, gerichtliche, von Studierenden der Hochschulen und von Schülern anderer öffentlicher Lehranstalten 97, 230.
Besuche, Empfang solcher seitens Strafgefangener 98, 33.
Beteiligte im Grundbuchanlegungsverfahren, Vertretung durch Bevollmächtigte 98, 606 f. — bei Notariatsgeschäften, Feststellung der Identität 99, 616 ff.; Prüfung der Geschäftsfähigkeit 99, 618 f.
Betreff, Vortrag in Eingaben von Privaten an öffentliche Stellen und Behörden 01, 364; desgl. in den Reinschriften amtlicher Berichte, Schreiben und Erlasse 01, 365.
Bettler, Strafnachrichten bezüglich derselben 96, 280.
Beurkundung von Rechtsgeschäften durch Notariate 99, 616 ff.; insbesondere von letztwilligen Verfügungen 99, 672 ff. — Notariatsgebühr für die B. von Rechtsgeschäften 99, 766 ff. — des Personenstands und die Eheschließung, Vorschriften des Reichsgesetzes hierüber hinsichtlich der Amtsführung der Standesbeamten 99, 1222 ff.; Vorschriften zur Ausführung des Gesetzes 99, 1244 ff.; Erläuterungen zu den Ausführungsvorschriften 99, 1285 ff. — der Vereinbarungen oder Vorschläge in Ansehung der vorbereitenden Maßregeln zu einer Auseinandersetzung 00, 28, 34 — der Auseinandersetzung in Ansehung eines Nachlasses 00, 29, 34 — von Rechtsgeschäften durch das Vormundschaftsgericht 00, 186 f., 205 — der postamtlichen Zustellung 00, 507 ff. — im Grundbuch-Anmeldungsverfahren in den Landesteilen rechts des Rheins 01, 501.
Bevollmächtigte, Vertretung von im Grundbuchanlegungsverfahren Beteiligten durch B. 98, 606 f. — s. a. Gemeindebevollmächtigte, Prozeßbevollmächtigte, Zustellungsbevollmächtigter.
Bewährungsfrist für Verurteilte 96, 71 f., 72 ff., 227 f.; 97, 15 f.
Bewegliche körperliche Sachen, Zwangsvollstreckung durch Gerichtsvollzieher in solche 00, 675 ff. — Zwangsvollstreckung zur Erwirkung der Herausgabe von beweglichen Sachen 00, 719 ff. — s. a. Freiwillige Versteigerung.
Bewegung der Strafgefangenen 98, 33.
Bewerber um das Gerichtsvollzieheramt 99, 1133 ff. — um Anstellung im höheren Justizstaatsdienst 01, 49 ff., 54 ff. — s. a. Praxis, Übersicht.
Bewertung s. Gebührenbewertung.
Bewilligung der Befreiung von Ehehindernissen 00, 105 f.
Bezeichnung des Empfängers von Sendungen 01, 320.
Bezirke der Waisenräte 98, 553 ff. — der Feldgeschworenen 01, 149 — s. a. Amtsgerichtsbezirke, Depositalbe-

zirke, Hypothekenbuchbezirke, Standesamtsbezirke.
Bezirksämter, Bestimmungen über die Behandlung des Gebührenwesens bei denselben **00**, 368 f., 349 ff.
Bezirksärzte, Thätigkeit bei Unterbringung von Blödsinnigen und Geisteskranken in Irrenanstalten oder bei deren sonstigen Verwahrung **96**, 39, 40, 42.
Bezirksamtsassessoren, Gebührenbewertung bei den exponierten B. **00**, 368 f., 349 ff.
Bezirksgremien für Handel und Gewerbe, Obliegenheiten in bezug auf Registersachen **01**, 35 ff.
Bezirkskommando, Einreichung von Gesuchen um Befreiung von militärischen Übungen oder um Änderung in der Zeit oder in der Dauer dieser Übungen bei dem B. **01**, 321.
Binden s. Einbinden.
Binnenschiffahrtsgesetz vom 15. Juni 1895, Vollzug **97**, 214; **99**, 1000 ff. — Auszug hieraus bezüglich der Führung des Schiffsregisters **99**, 1009 ff.
Blätter s. Belegblätter, Extrablätter, Fahndungsblatt, Fehlblatt, Finanzministerialblatt, Justizministerialblatt, Kreisamtsblätter, Registerblätter, Zentral-Polizeiblatt.
Blei- und zinkhaltige Gegenstände, Mitteilung der Ergebnisse der Anzeigen wegen Verfehlungen gegen das Reichsgesetz vom 25. Juni 1887 über den Verkehr mit blei- und zinkhaltigen Gegenständen an die K. Untersuchungsanstalten für Nahrungs- und Genußmittel **01**, 460 f. (Form. 463 ff.).
Bleischrift, Unstatthaftigkeit des Gebrauchs der B. in Zustellungsurkunden des Gerichtsdieners **99**, 488.
Bodenkreditbank, süddeutsche, Anlegung von Mündelgeld in Pfandbriefen derselben **99**, 383 f.; **00**, 189 f.
Bodenzinse der Privaten, Stiftungen und Gemeinden **98**, 82, 85 ff., 91 ff. — der Staatskasse **98**, 82, 87 ff., 91 ff. — der Grundrenten-Ablösungskasse **98**, 90 f., 82, 91 ff. — Ablösung **98**, 84, 89, 90 f., 92, 93.
Börsen in München und Augsburg, Aufsicht ꝛc. **96**, 372 f.; **97**, 2 — Benachrichtigung derselben vom Eintritte von Liquidationen, sowie von der Eröffnung und Beendigung von Konkursen **98**, 265 f., 692 f.
Börsengesetz vom 22. Juni 1896, Auszug aus demselben bezüglich der Führung des Börsenregisters **99**, 985 ff. — Vollzug **96**, 371, 372 f., 392; **97**, 2; insbes. der §§ 54—65: **99**, 988 ff., 999.
Börsenregister, Führung **99**, 985 ff., 989 ff., 999 (Form. 993 ff.) — s. a. Waren, Wertpapiere.
Bogen s. Begleitbogen, Personalbogen, Qualifikationsbogen, Vormerkungsbogen.
Botenpersonal s. Diener- und Botenpersonal.
Brandstiftungen, Untersuchung von B. **01**, 616.
Brandversicherungsanstalt für Gebäude in den Landesteilen rechts des Rheins, Abänderung des Gesetzes vom 3. April 1875: **99**, 540 f.
Brasilien, Mitteilung von Strafnachrichten nach B. **93**, 104; **96**, 273 ff. — Erwirkung von Auslieferungen aus B. **97**, 182 f.
Briefaufschrift bei Zustellungen von Amtswegen **99**, 489 f.
Briefe, Zustellung von B. mit Postzustellungsurkunde von Amtswegen **99**, 489 f. — s. a. Hypothekenbriefe, Mahnbriefe, Pfandbriefe, Schiffsbriefe, Schuldbriefe, Schuld- und Hypothekenbriefe, Steckbriefe, ferner Übersendung.
Briefumschlag des von Amtswegen zuzustellenden Schriftstücks **99**, 479 f., 487, 488, 490, 494, 500.
Buch zur Feststellung des Datums von Privaturkunden, Führung seitens der Notariate **99**, 607 f., 599, 771 (Form. 711 ff.) — s. a. Bücher.
Buchdruck, Benützung im amtlichen Verkehr **01**, 368.
Buchführung der amtsgerichtlichen Hinterlegungsstellen **99**, 1061, 1080 ff.
Buchhalter, Zustellung von Amtswegen an B. **99**, 485; desgl. im Parteiauftrage **00**, 630, 631.
Buchstaben, Bezeichnung der Arten von Rechtsangelegenheiten ꝛc. mit B. **80**, 421 ff.; **99**, 478 — Bezeichnung der Geschäftsbücher und Register der Gerichtsvollzieher mit B. **99**, 1160, 1171, 1179, 1185.
Buchstaben-Plannummern, Bezeichnung von Grundstücken mit B. **01**, 642 ff.
Buchungszwang, die davon befreiten Grundstücke **98**, 255.
Budapest s. Generalkonsulat.
Bücher für Strafgefangene **98**, 32 — der Notariate, Führung **99**, 599 ff. — der amtsgerichtlichen Hinterlegungsstellen **99**, 1081 ff. — s. a. Buch, Asservatenbuch, Aufschreibbuch, Geschäfts-

bücher, Grundbuch, Hauptbuch, Hypothekenbücher, Postaufgabebücher, Tagebuch, Urteilsbücher, Verwahrungsbuch, Vormerkungsbuch.

Bürgerliche Rechtsstreitigkeiten s. Rechtsstreitigkeiten.

Bürgerliches Gesetzbuch vom 18. August 1896, Auszug hieraus bezüglich der Führung des Vereinsregisters und des Güterrechtsregisters **99**, 1026 ff. — Ausführungsvorschriften hiezu und zu dessen Nebengesetzen **00**, 97 ff.; zu §§ 980, 981, 983: **99**, 585 f.; desgl. zu §§ 965—977: **99**, 587 ff.; zu § 1322 Abs. 3: **00**, 105 f.; zu § 1723: **00**, 107 f.; zu § 1745: **00**, 106 f.; zu § 1807 Abs 1 Nr. 5: **00**, 113 f.

Bürgermeister, Ersuchen an den B. im Grundbuch-Anmeldungsverfahren in den Landesteilen rechts des Rheins **01**, 500 (Form. 517 ff.).

Bundesstaaten, Beistandleistung der Behörden verschiedener Bundesstaaten zum Zwecke der Vollstreckung von Vermögensstrafen **96**, 167 f. — Einziehung von Kosten in Angelegenheiten der freiwilligen Gerichtsbarkeit und in Grundbuchsachen auf Ersuchen der Behörden eines anderen Bundesstaates **01**, 319 f. — s. a. Vollstreckung.

Bureau s. hydrotechnisches Bureau.

Bureaustunden s. Geschäftsstunden.

Buße, Beitreibung durch Gerichtsvollzieher **00**, 743.

Butter, Käse, Schmalz und deren **Ersatzmittel**, Vollzug des Reichsgesetzes vom 15. Juni 1897 über den Verkehr hiemit **98**, 129 ff.; insbes. des § 10: **01**, 627 f., 628 f. — Mitteilung der Ergebnisse der Anzeigen wegen Verfehlungen gegen vorgenanntes Gesetz an die K. Untersuchungsanstalten für Nahrungs- und Genußmittel **97**, 259 f., 460 f. (Form. 463 ff.).

C.

Centralfonds, Lieferung der Formulare zu den Bestallungen der Vormünder und Gegenvormünder aus C. **99**, 184, 185; desgl. des Beistands **00**, 202.

Chef der einem Unteroffizier oder Gemeinen des aktiven Heeres oder der aktiven Marine vorgesetzten Kommandobehörde, Zustellung von Amtswegen an denselben **99**, 480, 482, 487, 488, 509; desgl. im Parteiauftrage **00**, 626, 627 f., 633, 634, 638.

Columbien, Auslieferungsverkehr hiemit **98**, 6.

Currenden, Ausschluß von der postamtlichen Zustellung **00**, 504. s. a. **Z.**

D.

Dänemark, Rechtshilfeverkehr hiemit **00**, 961.

Darlehen, Eintragung einer Hypothek für ein D. einer Kreditanstalt **00**, 100.

Datum, Feststellung desselben bezüglich einer Privaturkunde durch die Notare **99**, 687 — s. a. Buch.

Dauer des Vorbereitungsdienstes für den höheren Justiz- und Verwaltungsdienst **99**, 227 ff.

Denkmünzen, Behandlung geldmünzenähnlicher D. **99**, 100 f., 101 f.

Depositalbezirke der K. Bank und deren Filialen **99**, 1121 ff.; **01**, 423 f.

Depositen, Hinausgabe der bei Gericht hinterlegten D. **97**, 13 f. — Anlage der gerichtlichen D. bei der K. Bank **99**, 1121 ff.; **01**, 423 f.

Depositenbureau der K. Filialbanken s. Bank.

Depositenverkehr, Bestimmungen über die Geldanlagen bei der K. Bank **99**, 369.

Depositenwesen s. Hinterlegungswesen.

Depot, offenes, Hinterlegung hiezu **01**, 407 ff. — Hinterlegung von Mündelpapieren zu offenem Depot bei der K. Bank **99**, 1073, 1075 f., 1116; **00**, 192; **01**, 409 ff. — Bedingungen der Annahme offener Depots bei der K. Bayerischen Bank **01**, 416 ff.

Deutsche s. Reichsangehörige.

Deutschland, strafrechtliche Verfolgung von Schweizern wegen der in D. begangenen Verbrechen oder Vergehen **97**, 245.

Diäten s. Tagegelder.

Diener, Mitteilung an die Finanzbehörden über strafgerichtliche Untersuchungen gegen öffentliche D. **01**, 551 — s. a. Amtsgerichtsdiener, Gerichtsdiener, ferner Dienstpersonen.

Diener- und Botenpersonal bei den Gerichten, Dienstkleidung **79**, 391, 394; **97**, 165 — Mitwirkung bei Zustellungen von Amtswegen **99**, 481 ff., 477, 478, 515, 521.

Dienst s. Gefängnisdienst, Justizdienst, Justizstaatsdienst, Sicherheitsdienst, Sitzungsdienst, Vorbereitungsdienst.

Dienstanweisung für Ärzte, Pfleger und sonstiges Personal in Irrenanstalten **96**, 39, 40 — für die Notariatskammern

00, 844 ff., — s. a. Geschäftsanweisung.
Dienstaufsicht über die Gerichtsvollzieher 99, 526 f., 1188 ff. — der Obergerichtsschreiber über rechnungsführende Gerichtsschreiber 00, 341 — Gegenstände der D. im Sinne des Art. 3 Ziff. 4 des Gesetzes über das Gebührenwesen 00, 348 — über die Gerichte und Notare durch die äußeren Dienstaufsichtsbehörden 00, 997 ff. — über die Notariatsgehilfen 01, 345 — bezüglich des Grundbuch-Anmeldungsverfahrens in den Landesteilen rechts des Rheins 01, 494 f.
Dienstaufsichtsbehörden, Handhabung der Dienstaufsicht über die Gerichte und Notare durch die äußeren D. 00, 997 ff.
Dienstaustritt s. Anzeige.
Dienstbarkeiten s. Grunddienstbarkeiten.
Dienstboten, Nichtaufnahme der Ersuchen um Ermittelung des Aufenthalts entlaufener D. ins Deutsche Fahndungsblatt 99, 95 — Zustellung von amtswegen an D. 99, 479, 482, 485; desgl. im Parteiauftrage 00, 628, 634 — Zuständigkeit zur Untersagung des Haltens von D. und zur Erzwingung der Entlassung von D. 00, 99.
Diensteinkommen s. Militärfiskus.
Dienstentlassung der Notariatsgehilfen 01, 345.
Dienstführung s. Geschäftsführung.
Dienstkleidung s. Amtskleidung.
Dienstleistung der Feldgeschworenen 01, 153 ff.
Dienstmütze der Gerichtsvollzieher 99, 519 — der Amtsverweser der Gerichtsvollzieher 99, 528 — der Gerichtsvollzieher in Strafsachen 99, 529.
Dienstpersonal, subalternes, bei den Gerichten und Staatsanwaltschaften, Uniformierung 97, 165.
Dienstpersonen, Ersatzzustellung von Amtswegen an D. 99, 479, 482 f., 485 — desgl. im Parteiauftrage 00, 628, 634.
Dienstregister der Gerichtsvollzieher 99, 1144, 1159 f., 1161 ff., 1176 f., 1184; 01, 590 (Form. 99, 1201 ff.).
Dienstregisterhefte der Gerichtsvollzieher 99, 1161, 1165, 1176, 1189.
Dienstregisternummern der Gerichtsvollzieher 99, 1149, 1152, 1162 ff., 1165, 1166, 1171, 1172, 1178 f., 1179, 1182, 1183.
Dienstreisen, Benützung reiner Güterzüge durch Ärzte, Notare, Gerichtsbeamte, Untersuchungsrichter, Gerichtsvollzieher und Geschworene bei D. 98, 119 f. — der Gendarmeriemannschaft außerhalb ihres Dienstbezirks, Marschkostenentschädigung 99, 333 — der Notare 99, 781 ff.
Dienstrock der Gerichtsvollzieher 99, 519.
Dienstsiegel der Gerichtsvollzieher 99, 518 f., 1144, 1149, 1150 — der Amtsverweser von Gerichtsvollzieherstellen 99, 528 — der Gerichtsvollzieher in Strafsachen 99, 529 — des Generalstaatsanwalts bei dem Obersten Landesgerichte 99, 540 — der Notariate 99, 758 f. — s. a. Gerichtssiegel.
Dienststunden s. Geschäftsstunden.
Dienstverhältnisse der Gerichtsvollzieher 99, 517 ff., 522 ff.
Dienstverkehr, Vereinfachung des schriftlichen D. 01, 363 ff., 378.
Dienstvorschriften für die Gerichtsvollzieher 99, 1133 ff.
Dienstzeichen der Gerichtsvollzieher 99, 519.
Dienstzeit der Gerichtsvollzieher 99, 529 ff.
Dienstzeugnisse der Notariatsgehilfen 01, 347.
Diplomatischer Verkehr, Zustellungen von Amtswegen in Angelegenheiten der freiwilligen Gerichtsbarkeit 99, 493 f., 494.
Direktoren der Kreisirrenanstalten, gutachtliche Einvernahme bei Gesuchen um Erteilung von Konzessionen für Unternehmer von Privatirrenanstalten 96, 40.
Dispacheur für die Pfalz, Ernennung 99, 140.
Dispensationsgesuche auf grund des Reichsgesetzes vom 6. Februar 1875 über die Beurkundung des Personenstandes und die Eheschließung von dem Erfordernisse der Ehemündigkeit bezw. von der Wartezeit, Uebersichten über deren Erledigung für 1893 mit 95: 96, 233 f.; für 1896 mit 1899: 00, 943 ff.
Distriktspolizeibehörden, Bestimmungen in bezug auf Privatirrenanstalten 96, 38 ff. — Zuständigkeit nach der Zuständigkeitsverordnung 00, 98, 99, 101, 102 — Aeußerung über Gesuche um Gestattung des mündlichen Verhandelns vor einem Amtsgericht 00, 115.
Distriktssparkassen, Anlegen von Mündelgeld bei D. 00, 190, 190 f.
Distriktsverwaltungsbehörden, Zuständigkeit in bezug auf Privatirrenanstalten 96, 39 ff. — Abgabe von dem Strafregister entnommenen Strafnachrichten an dieselben 96, 275 f. — Anlage der Strafliften 96, 333 — Mitteilung amtlich gefertigter Urkunden über die Genehmigung von Namens-

änderungen an die Standesbeamten **97**, 82 — Entscheidung in bezug auf Grundentlastung **98**, 92, 93, — Handhabung der Sicherheitspolizei in bezug auf Zigeuner **99**, 105 f. — Zuständigkeit nach der Zuständigkeitsverordnung **00**, 101 — Bestimmungen für dieselben in bezug auf das Halten und die Anleitung von Lehrlingen **01**, 257 ff., 260 ff. — Entscheidung bezüglich der Vergütung des öffentliches Arztes für Abgabe des Gutachtens über die Arbeitstüchtigkeit einer der Landespolizeibehörde überwiesenen Person **01**, 283.

Disziplin über Strafgefangene **98**, 33 ff. — über die Rechtspraktikanten **99**, 241 — über die Gerichtsvollzieher **99**, 526 f. — über Notare **01**, 321 ff. — über Notariatsgehilfen **01**, 345.

Disziplinargewalt über die Gerichtsvollzieher **99**, 526 f. — über gebührenverrechnende Beamte **00**, 342.

Disziplinarkammern, Bestimmungen für dieselben bezüglich der Disziplin der Notare **01**, 321 ff.

Disziplinarstrafen gegen Gerichtsvollzieher **99**, 526 f. — gegen Notariatsgehilfen **01**, 345.

Disziplinarverfahren gegen Gerichtsvollzieher **99**, 526 f. — gegen Notare und Notariatsverweser **01**, 321 ff.

Dolmetscher, Zuziehung bei Notariatsgeschäften **99**, 627 ff., 632, 647, 648, 651, 673 f.

Doppelschriften, Vorlage durch Private an öffentliche Stellen und Behörden **01**, 365.

Dorftestamente, Errichtung **01**, 21 ff., 24 ff.

Druckformulare zu Strafnachrichten **96**, 277 f. — in bezug auf bedingte Begnadigung **96**, 311 f.

Druckschriften, Aufnahme von Bekanntmachungen der gerichtlich beschlagnahmten und verbotenen D. im Deutschen Fahndungsblatt **99**, 94.

Duplikate der Zivilstandsregister in der Pfalz **99**, 1310.

Durchlaufende Gelder, Einzahlung derselben vor Hinausgabe der bei Gerichten hinterlegten Depositen **97**, 13 f. — rechnerische Behandlung und Beitreibung im Gebührenwesen **00**, 340, 342, 349 ff., 355, 377 ff.; insbes. durch den Gerichtsschreiber **00**, 364, 366, 367.

Durchlesung von Notariatsurkunden **99**, 647 ff.

Durchstreichungen in Zustellungsurkunden des Gerichtsdieners **99**, 488 — in Urkunden des Gerichtsvollziehers **99**, 1148 f. — im Volljährigkeitskalender **00**, 213.

Durchsuchung durch den Gerichtsvollzieher in Strafsachen **99**, 520, 1148.

E.

Ehedispensationsgesuche s. Dispensationsgesuche.

Eheerfordernisse **99**, 359 ff.

Ehehindernisse **99**, 361 ff. — s. a. Befreiung, Dispensationsgesuche.

Ehelichkeitserklärung **00**, 102, 107 f.

Ehemündigkeit **99**, 360 — s. a. Dispensationsgesuche.

Eheschließung **99**, 358, 359 ff.; **00**, 893 ff. — Bayerischer in der Pfalz heimatberechtigter Staatsangehöriger in Ungarn **96**, 116 f. — Gesetz hierüber s. Zivilehegesetz — s. a. Beurkundung, Dispensationsgesuche, Erfordernisse, Form.

Ehe- und Erbverträge, Auffindung bei Nachlaßsicherung **00**, 6 — Verwahrung **00**, 15.

Eheverbote **99**, 361 ff.

Ehrengerichte bei den Börsen in München und Augsburg **96**, 372.

Ehrenmitglieder des Allgemeinen Unterstützungsvereins **97**, 185; **00**, 1189 f. — des Pensions- und Unterstützungsvereins der nichtrechtskundigen Gehilfen bei den K. B. Notariaten **00**, 1091, 1092.

Ehrenrechte, bürgerliche, Wirkung deren Aberkennung auf das Pensionsbezugsrecht eines Mitgliedes des Pensions- und Unterstützungsvereins der nichtrechtskundigen Gehilfen bei den K. B. Notariaten **00**, 1098; desgl. auf die Mitgliedschaft zum allgemeinen Unterstützungsverein **00**, 1193.

Eid s. Amtseid.

Eidesabnahmen durch Notare **99**, 684 ff.

Eidesstatt, Abnahme von Versicherungen an E. durch Notare **99**, 684 ff.

Einberufung von Beamten und Bediensteten des Justizressorts zu militärischen Übungen **01**, 321.

Einbinden des Registers für Zustellungen von Amtswegen **99**, 478 — der Handelsregister **99**, 816 — der Geschäftsbücher des Gerichtsvollziehers **99**, 1161, 1170, 1171, 1175 — des Nachlaßverzeichnisses **00**, 38 — des Registers der Angelegenheiten der freiwilligen Gerichtsbarkeit **00**, 91 — des Vormundschaftsverzeichnisses **00**, 209 — des Vorschußregisters des Gerichtsschreibers **00**, 363.

Einführung des Grundbuchs s. Kosten.
Eingaben zum Musterregister **99**, 973, 975, 984 — von Privaten an öffentliche Stellen und Behörden, Form **01**, 364 f. (Form. 370 f.).
Eingetragene Vereine, Eintragung in das Vereinsregister **99**, 1026 ff., 1034 ff.
Einhebung der örtlichen Besitzveränderungsabgabe **98**, 200 f. — der Abmarkungskosten **01**, 131 ff.
Einkommen älterer Gerichtsvollzieher **99**, 529 ff. — der zu Gerichtsschreibern ernannten Gerichtsvollzieher **99**, 532.
Einlauf, Mitwirkung des Gerichtsvollziehers bei Besorgung des gerichtlichen Einlaufs von der Post **99**, 522 — bei den Gerichtsvollziehern **99**, 1181 — bei den Gerichtsvollziehereien **99**, 1185, 1187.
Einleitung des Grundbuch-Anmeldungsverfahrens in den Landesteilen rechts des Rheins **01**, 495 ff.
Einlieferungsbezirke s. Strafanstalten.
Einnahme s. Gebühreneinnahmen.
Einnahmerückstände im Kostenwesen der Gerichtsvollzieher **99**, 1166, 1170, 1176, 1194; **00**, 376, 378, 383.
Einreichung zum Handelsregister **99**, 899 ff.; insbes. zum Genossenschaftsregister **99**, 936 ff., 948 — eines Vermögensverzeichnisses des Mündels durch den Vormund **00**, 183 f., 188 f.; desgl. durch den überlebenden Ehegatten **00**, 203 f., 213 — der Übersichten über den Stand des Vermögens des Mündels durch den befreiten Vormund **00**, 193, 195 — der Rechnung des Vormunds **00**, 194, 195, 211 — s. a. Aufforderung, Erinnerung.
Einrichtung des Handelsregisters **99**, 816 f. — von Strafregistern s. Strafregister.
Einrückung in Zeitungen, Mitteilung an Beteiligte durch E. in Angelegenheiten der freiwilligen Gerichtsbarkeit **99**, 495 — im Grundbuch-Anmeldungsverfahren in den Landesteilen rechts des Rheins **01**, 499.
Einschaltungen in Schriftstücken der Gerichtsvollzieher **99**, 1150 — in Büchern und Registern der Gerichtsvollzieher **99**, 1159.
Einschreibsendung, Bewirkung einer Zustellung von Amtswegen durch die Post im Auslande in Angelegenheiten der freiwilligen Gerichtsbarkeit mittelst E. gegen Rückschein **99**, 493 — Ausschluß der E. von der postamtlichen Zustellung **00**, 504.
Einschreibungen in den Hypothekenregistern der Pfalz **96**, 308, 310 f.
Einsichtnahme der zur Erhebung einer örtlichen Besitzveränderungsabgabe befugten Gemeinden von den bezüglichen Gebührenregistern und Ausstandsregistern bei den K. Rentämtern **98**, 202 — des Hypothekenbuchs und des Grundbuchs durch Notare **99**, 624 ff., 666, 691 f., 763, 765, 783; **01**, 263 ff. — der Urkunden und Akten der Notariate **99**, 658 ff., 601, 603, 605, 610, 765 (Notariatsgebühr **99**, 776 f.) — des Handelsregisters sowie der zum Handelsregister eingereichten Schriftstücke **99**, 805, 904 ff., 931, 944, 977, 986, 1000, 1025, 1031, 1032, 1051, 1052 — der Geschäftsbücher, Register, Akten und Belege der Gerichtsvollzieher **99**, 1181, 1190 — des Mündels von den Vormundschaftsakten **00**, 198, 199; desgl. des Pfleglings **00**, 200 f. — von den Akten und Gebührenregistern durch Finanzkommissäre **00**, 336; desgl. durch gebührenverrechnende Beamte **00**, 355 — von Nachlaß-Verhandlungen u. Akten oder Verfügungen von Todeswegen durch das Rentamt **00**, 472 f. — s. a. Akteneinsicht.
Einspruch gegen Verfügungen der Registergerichte **99**, 809 ff., 838 ff.
Einstellung der Zwangsvollstreckung durch Gerichtsvollzieher **00**, 672 ff.
Einstweilige Verfügungen, Vollziehung durch Gerichtsvollzieher **00**, 734 f.
Einträge (Eintragung) von Grunddienstbarkeiten in das Hypothekenbuch der Landesteile rechts des Rheins **99**, 165 ff. — in die Geschäfts-Register 2c. der Notariate **99**, 600 ff. — in das Handelsregister **99**, 818 ff. — in das Firmenregister **99**, 871 ff. — in das Gesellschaftsregister **99**, 880 ff. — in das Nachschlagregister **99**, 887 ff. — in das Genossenschaftsregister **99**, 939 ff. — in die Liste der Genossen **99**, 944 ff. — in das Musterregister **99**, 973 ff.; **00**, 613 f. — in das Börsenregister **99**, 988 ff., 989 f. — in das Schiffsregister **99**, 1000 ff. — in das Vereinsregister **99**, 1026 ff. — in das Güterrechtsregister **99**, 1031 ff.; **00**, 483 ff. — in das Hauptbuch und Tagebuch der amtsgerichtlichen Hinterlegungsstellen **99**, 1082 ff. — einer Hypothek für ein Darlehen einer Kreditanstalt **00**, 100 — in die Geschäftsbücher und Register der Gerichtsvollzieher **99**, 1159 f.; insbes. in das Dienstregister **99**, 1161 ff., 1176, 1182; in das Gebührenregister **99**, 1167 ff., 1176, 1182; in das Nachschlageregister **99**,

1171; in das Asservatenbuch **99**, 1172 ff., 1177 — in das Register der Angelegenheiten der freiwilligen Gerichtsbarkeit **00**, 89 ff. — in den Vormerkungsbogen für Vormundschaftsakten **00**, 209 f., 211 — in die Vermögensübersicht zu Vormundschaftsakten **00**, 210 f. — in den Terminskalender für Vormundschaftssachen **00**, 211 f. — in den Volljährigkeitskalender **00**, 212 f. — in die Tabellen für die Statistik in den Angelegenheiten der freiwilligen Gerichtsbarkeit **00**, 487 ff. — von Rechten im Grundbuch-Anmeldungsverfahren in den Landesteilen rechts des Rheins **01**, 503 f.; desgl. von Verfügungsbeschränkungen **01**, 510; desgl. von Protestationen (Verwahrungen, Widersprüchen) **01**, 510 f., — s. a. Amtswegen, Bekanntmachung, Hypothekenbücher, Hypothekenprotokoll.

Einweisung der Gerichtsvollziehergebühren **00**, 376.

Einwendungen des Schuldners oder dritter Personen gegen die Vornahme der Zwangsvollstreckung **00**, 675 — gegen die Art und Weise der Zwangsvollstreckung oder das bei derselben vom Gerichtsvollzieher zu beobachtende Verfahren **00**, 649, 668, 675, 703 f.

Einwerfen des von Amtswegen zuzustellenden Schriftstücks in einen Postbriefkasten **99**, 490, 491.

Einzelhaft, Strafvollstreckung **98**, 28.

Einzelkaufmann, Bestimmungen bezüglich der Führung des Handelsregisters **99**, 856, 857, 870, 871 f., 929.

Einzelstrafen s. Vollstreckung.

Einziehung abgenutzter Reichs-Nickelmünzen **99**, 34 — der Gebühren und Auslagen der Gerichtsvollzieher zur Staatskasse **99**, 523 — der Gebührenanteile der Gerichtsvollzieher **99**, 527 — zwangsweise, von Gegenständen in Strafsachen **00**, 744 — der in einem anderen Bundesstaate erwachsenen Kosten in Angelegenheiten der freiwilligen Gerichtsbarkeit und in Grundbuchsachen **01**, 319 f.

Einzugsregister in Strafsachen **00**, 300 f.

Eisenbahnbetriebsdirektionen (früher Oberbahnämter), Bestimmung bezüglich der Personenbeförderung auf reinen Güterzügen **98**, 120.

Eisenbahnen, Genehmigung zur Ausgabe von Schuldverschreibungen der Pfälzischen Eisenbahnen **96**, 114; **00**, 99 f.

Elterliche Gewalt über einen Minderjährigen **00**, 181 f.

Empfänger, Bezeichnung des E. von Sendungen **01**, 320 — s. a. Zustellungsempfänger.

Empfangnahme der Zahlung bei Erhebung von Wechselprotesten durch Gerichtsvollzieher **99**, 521, 535; **00**, 1224.

Empfangsberechtigte, auswärtige s. Zahlungen.

Empfangsbescheinigungen über Herausgabe hinterlegter Gegenstände **99**, 1065, 1085, 1088, 1089 — der Gerichtsvollzieher **99**, 1150, 1170, 1175 — des Vormunds über die Bestallung **00**, 184 — der Regierungsfinanzkammer über Erinnerungen der Parteien gegen den Ansatz von Gebühren und Auslagen oder gegen die der Gebührenbewertung zu grunde liegende Wertsfestsetzung **00**, 388 f. — der Notare an den Bürgermeister bezüglich der Uebernahme von Testamenten **01**, 22 f. — im amtlichen Verkehr **01**, 367.

Entfernungsgebühren der Notare **99**, 781 ff. — der Notariatsverweser **01**, 181 f.

Entlassung der Kursmakler **96**, 373 — von Strafgefangenen **98**, 27 f. — s. a. Dienstentlassung, ferner Dienstboten.

Entlastung s. Grundentlastung.

Entschädigung s. Marschkostenentschädigung, Reiseentschädigung.

Entscheidungen über Aufnahme und Entlassung von Pfleglingen in Privatirrenanstalten **96**, 43 — in Grundentlastungsfällen **98**, 92, 93, 101 — über Disziplinarstrafen gegen Gerichtsvollzieher **99**, 527 — über Gesuche um Stundung der Zahlung der Geldstrafen und über Gesuche um Gestattung der Entrichtung der Geldstrafen in Teilbeträgen **00**, 299 ff. — im Gebührenwesen **00**, 337, 338, 349, 387 ff. — Vollstreckbarkeit von E. deutscher Gerichte in Oesterreich **01**, 41 — Begründung amtlicher E. **01**, 367 — Vorlage der Abschrift einer E., durch die ein Strafverfahren bezüglich des sog. Hydrasystems geschlossen wurde, durch die Staatsanwälte **01**, 641 f.

Entschließungen, Vorbehalte der Allerhöchsten Entschließung nach der Zuständigkeitsverordnung **00**, 98, 100, 102 — der Finanzstellen in bezug auf die rechnerische Behandlung im Gebührenwesen **00**, 342 — Form amtlicher E. **01**, 366, 369.

Entsetzung s. Besitzentsetzung.

Entsiegelungen durch Gerichtsvollzieher im Konkursverfahren **99**, 533; **00**, 760 ff. — in Nachlaßsachen **00**, 5 f., 7 f.

Entwurf zu Postzustellungsurkunden bei Zustellungen von Amtswegen **99**, 489, 490.

Erben, Ermittelung **00,** 15 f. — Vollstreckungsklausel für die E. des Gläubigers und gegen die Erben des Schuldners **00,** 659, 660 — Benachrichtigung von der Testamentseröffnung durch das Nachlaßgericht oder den Notar **01,** 381 f.
Erbrecht, Feststellung des E. des Fiskus **00,** 15 f.
Erbschaftssteuergesetz vom 18. August 1879 i. F. der Bekanntmachung vom 11. November 1899, Vollzug **00,** 467 ff., 1168 f.
Erbschein, Erteilung **00,** 17 ff. (Form. 49 ff.) — Mitteilung bezüglich der Erteilung eines E. durch das Nachlaßgericht an das Rentamt **00,** 471 f.; **01,** 447 (Form. 452) — Erteilung zum Zwecke des Bezugs der Invaliden- oder Altersrente **00,** 1132 f. (Form. 1133) — Gebühr für den mehreren Erben gemeinschaftlich erteilten Erbschein **01,** 455 f.
Erbverträge, Bestimmungen hierüber für die Notariate **99,** 605, 606, 611, 631, 651, 662, 682 — Auffindung bei Nachlaßsicherung **00,** 6 — Eröffnung und Verwahrung **00,** 14 f., 471 f., 500 ff. — s. auch Ehe- und Erbverträge, ferner Urschriften.
Erfordernisse der Eheschließung **99,** 1229 ff. — zur Mitgliedschaft beim Pensions- und Unterstützungsverein der nichtrechtskundigen Gehilfen bei den K. Notariaten **00,** 1091 ff. — s. a. Eheerfordernisse.
Ergänzung von Bestimmungen s. die betr. Bestimmungen.
Ergänzungen in Schriftstücken der Gerichtsvollzieher **99,** 1149.
Erhaltung der Grenzzeichen zur Abmarkung der Grundstücke, Pflicht hiezu **01,** 91, 125 f., 167 ff.
Erhebung vor der bedingten Begnadigung Verurteilter **96,** 76, 83, 87 — der Gebühren bei den Gerichten, Bezirksämtern, Rentämtern, Notariaten, Gerichtsvollziehereien und Gerichtsvollziehern **00,** 349 ff., 340 f., 342 — der Gebühren für die von den Notaren vorgenommenen Eröffnungen der Verfügungen von Todeswegen **00,** 1256 f. — s. a. Hinterlegungsgebühren, Übersicht, Wechselproteste.
Erinnerungen des Ärars gegen die Höhe der einem freigesprochenen Angeklagten oder außer Verfolgung gesetzten Angeschuldigten von der Staatskasse zu erstattenden notwendigen Auslagen **98,** 279 — des Zahlungspflichtigen oder der Staatskasse gegen den Ansatz von Gebühren oder Auslagen der Gerichtsvollzieher **99,** 536 f. — des Vormunds, Pflegers oder Beistands an die Rechnungsablegung **00,** 195 (Form. 245) — des befreiten Vormunds an die Einreichung der Vermögensübersicht **00,** 195 (Form. 247) — revisorische, gegen Ansätze von Gebühren und Auslagen bei den Gerichten **00,** 375 f. 380 — der Parteien wegen Gebührenansatzes ꝛc., Verfahren hiebei **00,** 387 ff.
Erklärungen, Zustellung von Erklärungen außerhalb des Prozesses durch Gerichtsvollzieher **96,** 117 f.; **00,** 644 f. — Erklärung des Hypothekenbuchs zum Grundbuch **98,** 262 f. — Notariatsgebühr für die Beurkundung von E. **99,** 766 ff. — zum Handelsregister **99,** 817 — zum Genossenschaftsregister **99,** 937 ff. — zum Schiffsregister **99,** 1005 — in Nachlaßsachen **00,** 34, 37 — über den Familiennamen **00,** 101 f., 854 ff. — in Vormundschaftssachen **00,** 205 — Form der E. im Grundbuch-Anmeldungsverfahren in den Landesteilen rechts des Rheins **01,** 501 ff. — s. a. Beitrittserklärung, Ehelichkeitserklärung, Hinterlegungserklärung, mündliche Erklärungen, schriftliche Erklärungen, Todeserklärung, Unterwerfungserklärung, Volljährigkeitserklärung, Willenserklärungen, ferner Beglaubigung.
Erkrankungen von Strafgefangenen **98,** 32.
Erläuterungen zu den Vorschriften zur Ausführung des Gesetzes über die Beurkundung des Personenstandes und die Eheschließung **99,** 1285 ff.
Erlasse, Form der Reinschriften amtlicher Erlasse **01,** 365 f.
Erlaubnis zur Vornahme von Zustellungen von Amtswegen zur Nachtzeit sowie an Sonntagen und allgemeinen Feiertagen **99,** 486 f., 495 f.; desgl. im Parteiauftrage **99,** 1144 f.; **00,** 633 — zur Vornahme von Vollstreckungshandlungen zur Nachtzeit sowie an Sonntagen und allgemeinen Feiertagen **99,** 1144 f.; **00,** 669 f. — zum mündlichen Verhandeln vor Gericht **00,** 115 f.
Erledigung von Steckbriefen, Veröffentlichung der Mitteilung hierüber im Deutschen Fahndungsblatt **99,** 91, 93, 94.
Erlöschen des Anspruchs auf Herausgabe hinterlegter Sachen **99,** 1067 ff., 1072 f. — der Mitgliedschaft beim Pensions- und Unterstützungs-Verein der nichtrechtskundigen Gehilfen bei den Notariaten **00,** 1093 f.

Ermächtigung von Handelsmäklern zu Kaufgeschäften **00**, 99.

Ermittelungen durch Gerichtsvollzieher auf Anordnungen des Richters **99**, 521; **00**, 728 f., 731 — des Erben **00**, 15 f. — über Gesuche um Bewilligung der Befreiung von Ehehindernissen **00**, 105 f.; desgl. von dem für die Annahme an Kindesstatt erforderlichen Alter des Annehmenden **00**, 107 — über Anträge auf Ehelichkeitserklärung **00**, 108; desgl. auf Volljährigkeitserklärung **00**, 109.

Ernennung der Staatskommissäre bei den Börsen in München und Augsburg **96**, 372 — des Vorsitzenden des Schwurgerichts sowie dessen Vertreters **98**, 69 f. — der Notare **99**, 592 ff. — der staatsanwaltschaftlichen Sekretäre zu landgerichtlichen Gerichtsschreibern **00**, 112.

Erneuerung von Steckbriefen und Bekanntmachungen im Deutschen Fahndungsblatte **99**, 93.

Erneuerungsscheine zu den bei den Gerichten hinterlegten Wertpapieren **99**, 1068, 1083.

Eröffnung letztwilliger Verfügungen **99**, 672 ff., 605, 662, 677; **00**, 11 ff., 16, 36, 500 ff., 1256 f.; **01**, 381 f. (Notariatsgebühr **99**, 774 f.) — Mitteilung über Eröffnung von Testamenten oder Erbverträgen an das Rentamt **00**, 471 f. — der Anordnungen des Gerichts im Grundbuch-Anmeldungsverfahren in den Landesteilen rechts des Rheins **01**, 501.

Errichtung von Testamenten durch Notare **99**, 672 ff., 605, 606, 627, 631, 651 — — von Dorftestamenten vor dem Gemeindevorsteher **01**, 21 ff., 24 ff. — s. a. Zustellungsurkunden.

Ersatz des Gerichtsvollziehers für den für Dienstreisen zu bestreitenden Aufwand **99**, 524 — s. a. Rückersatz.

Ersatzbehörden, Mitteilung über strafgerichtliche Untersuchungen und Aburteilungen an dieselben **96**, 58, 227 f.

Ersatzmänner für Mitglieder des Ehrengerichts an den Börsen in München und Augsburg **96**, 373.

Ersatzmittel s. Butter, Käse und Schmalz rc.

Ersatzzustellungen durch den Gerichtsdiener **99**, 482 ff., 499 — durch den Postboten **00**, 515 ff. — durch den Gerichtsvollzieher **00**, 628 ff.

Erste Prüfung für den höheren Justiz- und Verwaltungsdienst **99**, 180 ff., 201 ff., 212 ff.

Ersuchen um Aufnahme von Bekanntmachungen rc. in das Beiblatt zum Bayer. Zentralpolizeiblatt **99**, 15, 16 — um die Ermittlung des Aufenthalts wichtiger Zeugen, Aufnahme im Deutschen Fahndungsblatte **99**, 94; Nichtaufnahme der E. um Ermittelung des Aufenthalts ausgetretener Militärpflichtiger, entlaufener Lehrlinge und Dienstboten sowie um Behändigung von Terminsvorladungen daselbst **99**, 95 — Erledigung der E. bayerischer Gerichte durch das Gericht in Kiautschou und die Marinegerichte im Auslande **99**, 355 f. — der Post um Bewirkung einer Zustellung durch den Gerichtsvollzieher **99**, 1163; **00**, 636 ff. — des Vormundschaftsgerichts an die Hinterlegungsstelle des ersuchten Gerichts um Herausgabe von hinterlegten Gegenständen an den Mündel **00**, 198 — um Vernehmung von in einem anderen Bundesstaate wohnhaften Sachverständigen **00**, 1068 f. — eines anderen Bundesstaats um Einziehung von Kosten in Angelegenheiten der freiwilligen Gerichtsbarkeit und in Grundbuchsachen **01**, 319 f. — an den Bürgermeister im Grundbuchanmeldungsverfahren in den Landesteilen rechts des Rheins **01**, 500 (Form. 517 ff.)

Ersuchschreiben des Gerichts in Kiautschou und der Marinegerichte im Auslande **99**, 355 f. — der Notare um Bewirkung von Zustellungen im Auslande **01**, 459 f. — im Auslande zu erledigende E. der Justizbehörden **01**, 645.

Ersuchter Richter, Erteilung der Erlaubnis zur Vornahme einer Zustellung von Amtswegen an Sonn- und allgemeinen Feiertagen sowie zur Nachtzeit **99**, 486 f.; desgleichen einer Zustellung im Parteiauftrage **99**, 1144 f.; **00**, 633.

Erteilung s. Auskunftserteilung, Abschrift, Ausfertigung, Erbschein, Erlaubnis, Zeugnisse u. s. w.

Erwerbs- und Wirtschaftsgenossenschaften, Auszug aus dem Gesetze hierüber vom 1. Mai 1899 bezüglich der Führung des Genossenschaftsregisters **99**, 932 f. — Vollzug des § 161 Abs. 1 des Gesetzes hierüber **99**, 934 ff.

Erwirkung der Herausgabe von Sachen und unselbständigen Personen, Zwangsvollstreckung hiezu **00**, 719 ff. — s. a. Auslieferung.

Erziehung s. Zwangserziehung.

Erziehungsanstalten, Unterbringung jugendlicher Personen in E. gemäß § 56 des Strafgesetzbuches **01**, 565 f.

Erzwungene Anmeldung behufs Eintragung in das Handelsregister **99**, 837 ff.

Exterritoriale, Zustellung an E. **93,** 75 f.; **99,** 515 — Amtshandlungen der Gerichtsvollzieher in den Wohnungen von E. **99,** 1145.

Extrablätter des Bayerischen Zentralpolizeiblattes **99,** 12, 13.

F.

Fälle der Zustellung von Amtswegen **99,** 475.

Fälligkeit der Hinterlegungsgebühren in Vormundschaftssachen **99,** 1077 — der Gebühren und Auslagen im Gebührenwesen **00,** 350, 360 f.

Fahndungsblatt, Deutsches, für Steckbriefe und sonstige Bekanntmachungen der Justiz- und Verwaltungsbehörden **99,** 90 f., 91 ff.; **01,** 295.

Fahrpostsendungen der Behörden im Ortsverkehr **97,** 261.

Familienangehörige, Ersatzzustellung von Amtswegen an F. des Zustellungsempfängers **99,** 482; desgl. im Parteiauftrage **00,** 628 — Unzulässigkeit der Ersatzzustellung von Amtswegen an F. des Hauswirts oder Vermieters **99,** 483; desgl. im Parteiauftrage **00,** 628.

Familiennamen, Erklärungen über den F. **00,** 101 f. — Änderung des F. **00,** 97 f., 854 ff. — s. a. Namensänderungen.

Farben, Mitteilung der Ergebnisse der Anzeigen wegen Verfehlungen gegen das Reichsgesetz vom 5. Juli 1887 über die Verwendung gesundheitsschädlicher Farben bei der Herstellung von Nahrungsmitteln, Genußmitteln und Gebrauchsgegenständen an die K. Untersuchungsanstalten für Nahrungs- und Genußmittel **01,** 460 f. (Form. 463 ff.).

Fehlanzeigen in bezug auf Nichtbeantragung einer Bewährungsfrist nicht erforderlich **96,** 85 — im amtlichen Verkehr **01,** 367 — der Staats- und Amtsanwälte an die K. Untersuchungsanstalten für Nahrungs- und Genußmittel in bezug auf Verfehlungen gegen gewisse Reichsgesetze **01,** 461 (Form. 470).

Fehlblatt zur allgemeinen Urkundensammlung der Notariate **99,** 612 (Form. 731) — Einlegung in die Sammelakten für Aktenstücke oder Akten für Angelegenheiten der freiwilligen Gerichtsbarkeit **00,** 93.

Feiertage s. Sonn- und Feiertage.

Feldgeschworene **01,** 92 ff., 108 ff. — Abmarkungsgeschäfte **01,** 106 ff., 112 ff. Gebühren und Kosten **01,** 130 f., 169 ff. — Zahl und Bezirke **01,** 149 — Aufstellung **01,** 149 ff. — Dienstleistung **01,** 153 f. — Aufgaben **01,** 154 ff.

Feldgeschworenenordnung **01,** 149 ff.

Feldwebel, Zustellung von Amtswegen an F. **99,** 480, 482; desgl. im Parteiauftrage **00,** 626 f., 628.

Ferien s. Gerichtsferien.

Festnahme, vorläufige F. flüchtiger Personen **98,** 2; **99,** 365 ff., 404 f. — einer Person durch den Gerichtsvollzieher **99,** 520, 1148.

Festsetzung der dem freigesprochenen oder außer Verfolgung gesetzten Angeschuldigten von der Staatskasse zu erstattenden notwendigen Auslagen **98,** 229 f., 278 f. — der Zensurergebnisse bei der zweiten Prüfung für den höheren Justiz- und Verwaltungsdienst **99,** 254 f. — der Vergütung der Waisenräte **00,** 1135 (Form. 1137 ff.) — der korrektionellen Nachhaft **01,** 282 f. — der Frist zur Vorbereitung und Erhebung der öffentlichen Klage **01,** 614 f. — s. a. Terminsfestsetzung, Wertsfestsetzung, ferner Gesamtstrafen.

Feststellung der Persönlichkeit von unter falschem Namen auftretenden Verbrechern, Aufnahme von Bekanntmachungen hierüber im deutschen Fahndungsblatte **99,** 94 — des Zustands von Personen und Sachen durch Notare **99,** 686 f. — des Erbrechts des Fiskus **00,** 15 f. — der Abmarkungskosten **01,** 131 ff. — s. a. Identitätsfeststellung, ferner Buch, Datum, Festsetzung.

Festtage s. Sonn- und Feiertage.

Festungen, Nichtanwendung der Grundsätze vom 6. November 1897 auf die in den F. zu verbüßende Festungshaft **98,** 36.

Festungsgefangene s. Strafgefangene.

Festungshaft, Nichtanwendung der Grundsätze vom 6. November 1897 auf die in den Festungen zu verbüßende F. **98,** 36 — s. a. Freiheitsstrafen.

Fette, Anweisung zur Probeentnahme von F. **98,** 129 f. — s. a. Speisefette.

F.G.R., Verwendung dieser Bezeichnung als Abkürzung für das Register der Angelegenheiten der freiwilligen Gerichtsbarkeit **00,** 91.

Fideikommißsachen, Hinterlegungsgebühren in F. **00,** 303 f. — s. Katasterumschreibung.

Filialbanken, Anlage gerichtlicher Depositen bei den F. **99,** 1121 ff. — Errichtung einer F. in Kempten **01,** 423 f. — s. a. Bank.

Finanzbehörden, Bestimmungen bezüglich des Gebührenwesens **00,** 335 f., 342 — Mitteilung über strafgerichtliche Untersuchungen gegen Beamte und öffentliche Diener an die **F. 01,** 551.
Finanzkammern s. Regierungsfinanzkammern.
Finanzkommissäre s. Regierungskommissäre.
Finanzministerialblatt, Veröffentlichung der Namen derjenigen Gemeinden, welche die Ermächtigung zur Erhebung der örtlichen Besitzveränderungsabgaben erhalten haben im **F. 98,** 198 — Herausgabe eines Beiblattes zu demselben **01,** 211 — s. a. Abonnement.
Finanzministerium, Erteilung der Genehmigung zur Ausgabe von Schuldverschreibungen auf den Inhaber **96,** 114 — Wahrnehmung der der Landesregierung im Börsengesetze überwiesenen Befugnisse **96,** 371 f. — Bestellung und Entlassung der Kursmakler **96,** 373 — Bestimmungen für dasselbe in bezug auf Grundentlastung **98,** 90, 94; desgl. in bezug auf das Gerichtsvollzieherwesen **00,** 524, 525, 525 f., 531, 536 — Bestimmungen bezüglich des gerichtlichen Hinterlegungswesens **99,** 1061, 1071, 1079, 1088, 1089 — Zuständigkeit nach der Zuständigkeitsverordnung **99,** 99, 100 — Bestimmungen bezüglich des Gebührenwesens **00,** 336, 337, 341.
Finanzperiode, s. Rechnungsschema.
Finanzrechnungswesen s. Rechnungsschema.
Firmen, Anmeldungen bezüglich solcher zum Handelsregister **99,** 821 ff. — Eintrag in das Handelsregister **99,** 856, 857; in das Firmenregister **99,** 871 ff.; in das Gesellschaftsregister **99,** 880 f.; in das Nachschlageregister **99,** 887 ff. — s. a. Gesellschaftsfirmen, Handelsfirmen.
Firmeninhaber, Anmeldung zum Handelsregister **99,** 821 ff. — Eintragung in das Firmenregister **99,** 874 f.; desgl. in das Nachschlagregister **99,** 887 ff.
Firmenregister, Führung **99,** 816 ff. — Eintragung in dasselbe **99,** 871 ff. (Form. 915 ff.).
Fiskalbeamter der K. Bayerischen Verkehrsanstalten **96,** 225 f.
Fiskus, Feststellung des Erbrechts des **F. 00,** 16 f. — Zwangsvollstreckung wegen Geldforderungen gegen den **F. 00,** 648 — s. a. Militärfiskus.
Flaggen s. Beflaggung.
Flüchtige Personen s. Auslieferung.
Flurbereinigungsgesetz vom 29. Mai 1886 bezw. 9. Juni 1899, Vollzugsvorschriften zu demselben **00,** 544.
Fonds s. Abmarkungsfond, Amortisationsfond, Zentralausschuß, Zentralfonds.
Forderungen, Mitwirkung der Gerichtsvollzieher bei der Zwangsvollstreckung in F. und andere Vermögensrechte **00,** 708 ff. — s. a. Geldforderungen, Hypothekenforderungen.
Form der Eintragungen in das Hypothekenbuch **98,** 279 f. — äußere Form der Urkunden der Notariate **99,** 634 ff. — der Eheschließung **99,** 1234 ff. — Formelle Geschäftsbehandlung von Nachlaßsachen **00,** 35 ff.; desgl. von Vormundschaftssachen **00,** 206 ff. — der Vorstellungen, Eingaben, Berichte rc. **01,** 364 ff. — der Beurkundungen und der Eröffnung der Anordnungen des Amtsgerichts im Grundbuch-Anmeldungsverfahren in den Landesteilen rechts des Rheins **01,** 501 — der Anmeldungen und Erklärungen der Beteiligten im Grundbuch-Anmeldungsverfahren in den Landesteilen rechts des Rheins **01,** 501 ff.
Formeln s. Unterwürfigkeitsformeln.
Formulare in bezug auf bedingte Begnadigung Verurteilter **96,** 88, 89 ff. — zum Vollzuge des Forstgesetzes **96,** 231 f. — zu Straf-Nachrichten und Auskunfts-Erteilungen **96,** 283 ff. — für Hypothekenstatistik **96,** 362 — zur Grundbuchanlegungsordnung für die Pfalz **98,** 419 ff. — zur Geschäftsanweisung für die Anlegungsbeamten für das Grundbuch in den Landesteilen rechts des Rheins **98,** 553 ff. — zu den Vorschriften über die Prüfungen für den höheren Justiz- und Verwaltungsdienst **99,** 259 ff. — zu Urkunden für Zustellungen von Amtswegen **99,** 481; insbes. des Gerichtsdieners **99,** 488, 505 ff. — zu Postzustellungsurkunden für Zustellungen von Amtswegen **99,** 489; **00,** 962 f. — zu den Vorschriften über den Gemeindewaisenrat **99,** 557, 565 ff. — zu den Geburts- und Todesanzeigen der Standesbeamten **99,** 578, 581 ff. — zur Geschäftsordnung für die Notariate **99,** 701 ff. — zur Registerführung der Amtsgerichte **99,** 915 ff., 951 ff., 965 ff., 979, 993 ff., 1015 ff., 1041 ff. — für das gerichtliche Hinterlegungswesen **99,** 1091 ff., 1119 — zu den Dienstvorschriften der Gerichtsvoll-

zieher 99, 1197 ff. — zum Gesetz über die Beurkundung des Personenstandes und die Eheschließung 99, 1253 ff., 1301 ff. — für das Nachlaßwesen 99, 40, 41 ff.; 01, 389 ff. — für das Vormundschaftswesen 99, 214, 215, 217 ff. — zum Vollzug des Erbschaftssteuergesetzes 99, 475 ff. — zu Postzustellungsurkunden 00, 505, 506, 508, 514 f., 518 — zu den neuen Postaufgabebüchern 00, 588 — für Bestätigungskarten zu Postanweisungen 00, 589 — zu Zustellungen durch die Gerichtsvollzieher 00, 645 f., 774 ff. — zur Anweisung zum Vollzuge des Personenstandsgesetzes 00, 917 ff. — zu den Geschäftsübersichten der Gerichte und Staatsanwaltschaften 00, 1271 ff., 1287 ff. — zu Dorftestamenten 01, 32 ff. — zum Vollzuge des Abmarkungsgesetzes 01, 139 ff. — zum Rechnungs-Schema 01, 185 ff. — Verwendung von F. zu amtlichen Berichten, Schreiben und Erlassen 01, 368, 369, 370 ff. — zur Mitteilung des Nachlaßgerichts über Ausstellung eines Erbscheins oder Zeugnisses über Fortsetzung der Gütergemeinschaft an das Rentamt 01, 452 — zu den Mitteilungen der Staatsanwälte und Amtsanwälte über die Ergebnisse von Strafverfahren an die K. Untersuchungsanstalten für Nahrungs- und Genußmittel 01, 461, 462 ff. — für das Grundbuch-Anmeldungsverfahren in den Landesteilen rechts des Rheins 01, 513 ff. — s. a. Druckformulare, Formularpapier, Anschaffungskosten.

Formularpapier für das Gebührenwesen, Anschaffungskosten u. Bezug 00, 390 — für die Anleitung zur Anmeldung der Erbschaftssteuer 00, 474 — für das Handels-, Vereins-, Genossenschafts- und Güterrechtsregister 99, 816; Bezug 01, 440 f.

Forstämter, Bestimmungen in bezug auf bedingte Begnadigung Verurteilter 96, 85 ff.

Forstgesetz vom 28. März 1852 in Fassung der Bekanntmachung vom 4. Juli 1896, Vollzugsvorschriften hiezu 96, 229 f.

Forstrügesachen, Zustellungen und Ladungen von Amtswegen in solchen 99, 476, 497 ff.; 00, 591; im Parteiauftrage durch Gerichtsvollzieher 00, 642 ff. — s. a. Strafbefehle, Übersicht, Zusammenstellung.

Forstrügeverfahren, bedingte Begnadigung jugendlicher Verurteilter 96, 85 ff. — s. a. Strafbefehle, Übersicht, Zusammenstellung.

Fortsetzung der Gütergemeinschaft s. Zeugnis.

Freihändiger Verkauf durch den Gerichtsvollzieher außerhalb der Zwangsvollstreckung 99, 534; 00, 744 ff.; innerhalb der Zwangsvollstreckung 00, 695 ff., 718, 730.

Freiheitsstrafen, Vollzug gegen Militärpersonen 96, 227 — Vollzug gerichtlich erkannter Freiheitsstrafen 98, 24 f., 25 ff — s. a. bedingte Begnadigung.

Freiwillige Anmeldung behufs Eintragung in das Handelsregister 99, 819 f.

Freiwillige Gerichtsbarkeit, Zustellungen von Amtswegen in Angelegenheiten derselben 99, 476, 492 ff.; 00, 591, 592, 592 f. — Auszug aus dem Gesetze über die Angelegenheiten der freiwilligen Gerichtsbarkeit in Fassung der Bekanntmachung vom 20. Mai 1898 bezüglich der Registerführung bei den Amtsgerichten 99, 790 ff.; insbes. bezüglich der Führung der Handelsregister 99, 807 ff.; bezüglich des Genossenschaftsregisters 99, 933 f.; des Schiffsregisters 1003 ff.; des Vereinsregisters und des Güterrechtsregisters 99, 1033 — Portofreiheit von Postsendungen in den Angelegenheiten derselben 00, 338 — Gebührenvorschriften 00, 345 f. — Führung eines besonderen Registers für Zustellungen von Amtswegen für die Angelegenheiten derselben 99, 593 — Vollstreckung gerichtlicher Anordnungen in Angelegenheiten derselben 00, 737 f. — Vollzug des Gesetzes über die Angelegenheiten derselben in Fassung der Bekanntmachung vom 20. Mai 1898 und zwar der §§ 126, 200: 01, 35 ff. — Kosten der Rechtshilfe in Angelegenheiten derselben im Verkehr mit Baden 01, 266 — Einziehung von Kosten in Angelegenheiten derselben auf Ersuchen der Behörde eines anderen Bundesstaats 01, 319 f. — s. a. Register, Statistik, Übersicht, Zusammenstellung.

Freiwillige Versteigerung beweglicher Sachen durch Gerichtsvollzieher für Rechnung des Auftraggebers 99, 521, 534, 1147 f., 1164, 1168, 1178, 1186, 1187, 1192; 00, 758 ff.

Fremde, Unzulässigkeit der Ersatzzustellung von Amtswegen an F. 99, 486; desgl. im Parteiauftrage 00, 632.

Fremdwörter, Vermeidung in amtlichen Schriftstücken 01, 368.

Fristen anläßlich der Führung der Handelsregister 99, 808 ff., 838 ff., 851, 855 —

zur Erledigung von amtlichen Aufträgen **01**, 368 — Verlängerung der F. zur Vorbereitung und Erhebung der öffentlichen Klage **01**, 614 f. — s. a. Bewährungsfrist, Inventarsfrist.

Fürsorge, amtliche, des Nachlaßgerichts **00**, 2 ff. — des Vormundschaftsgerichts **00**, 187 ff.

Fürth, Übertragung der Besorgung des gerichtlichen Hinterlegungswesens für den Bezirk des Amtsgerichts daselbst an die K. Bank **99**, 1115.

Fuhrwerk zu dienstlichen Verrichtungen des Gerichtsvollziehers **99**, 525.

Fundanzeigen, Behandlung **99**, 587 ff.

Fundsachen, Vorschriften über die in F. von Staats- und Gemeindebehörden, von Staats- und Gemeindeanstalten sowie von Verkehrsanstalten, die von einer Privatperson betrieben werden, zu erlassenden Bekanntmachungen **99**, 585 ff. — Behandlung **99**, 587 ff.

Futter, Pfändung **00**, 679.

G.

Gaunerwesen, Veröffentlichung bemerkenswerter Notizen hierüber im Bayerischen Zentralpolizeiblatte **99**, 14.

Gebäude s. Amtsgerichtsgebäude, Staatsgebäude, Zivilstaatsgebäude.

Gebiete s. Schutzgebiete.

Gebrauchsgegenstände s. Untersuchungsanstalten.

Gebühren, Sollstellung der G. nach § 57 des Börsengesetzes **96**, 392 — Einzahlung der G. vor Hinausgabe der bei Gericht hinterlegten Depositen **97**, 13 f. — der Gendarmeriemannschaft bei Versetzungen und Kommandierungen **99**, 331, 332 f. — für Umschreibung der auf den Inhaber lautenden Staatsschuldverschreibungen sowie für Löschung einer Namensumschreibung **99**, 458 — der Notariate **99**, 761 ff. — für die Registerführung der Amtsgerichte **99**, 929 ff., 1025 f., 1051 f.; **00**, 613 f. — für die Entscheidung über Gesuche um Bewilligung der Befreiung von Ehehindernissen **00**, 106; desgl. von dem für Annahme an Kindesstatt erforderlichen Alter des Annehmenden **00**, 107 — für die Entscheidung über Anträge auf Ehelichkeitserklärung **00**, 108; desgl. auf Volljährigkeitserklärung **00**, 109 — Erhebung und Verrechnung **00**, 340, 342, 349 ff., 366, 377 ff. — Mindestbetrag **00**, 347 — in Vormundschaftssachen **00**, 539 ff. — für Eintragung und Niederlegung von Mustern und Modellen **00**, 613 f. — bei Namensänderungen **00**, 859 f. — Erhebung der G. für die von den Notaren vorgenommenen Eröffnungen der Verfügungen von Todeswegen **00**, 1256 f. — bei Abmarkung der Grundstücke **01**, 97 ff., 130 ff., 169 ff. — für die Erteilung des Erbscheins und des Zeugnisses über die Fortsetzung der Gütergemeinschaft **01**, 455 ff. — s. a. Besitzveränderungsgebühren, Entfernungsgebühren, Hinterlegungsgebühren, Nachschlagegebühren, Notariatsgebühren, Postgebühren, Prüfungsgebühr, Schreibgebühren, Staatsgebühren, Telegraphengebühren, Uebernachtungsgebühren, Wertgebühren, Zeitgebühren, Zwangsvollstreckungsgebühren, ferner Beglaubigung, Gerichtsvollzieher, Vergütung.

Gebührenansatz, örtliche Revision **00**, 377 f.

Gebührenanteile der Gerichtsvollzieher s. Anteil.

Gebührenbewertung bei den Gerichtsvollziehern **99**, 533 ff., 1151 ff., 1155 ff., 1164 f., 1166 ff., 1190 — im allgemeinen **00**, 335 ff., 343 ff., 349 ff., 381, 387 — bei den Notaren **00**, 355 ff.; s. a. **99**, 762 ff. — bei den Gerichten und Staatsanwaltschaften durch die Gerichtsschreiber **00**, 359 ff. — bei den Bezirksämtern und exponierten Bezirksamtsassessoren **00**, 368 f. — nachträgliche **00**, 381 — Verjährung **00**, 387 — s. a. Beschwerden, Erinnerungen.

Gebühreneinnahmen, Ablieferung an das Rentamt **00**, 353, 1228 f.

Gebührenfreiheit für Ausstellung der Zeugnisse über die Belastungsverhältnisse von Grundstücken, dann für Schuldbekenntnisse mit Hypothekbestellung und für Eintrag ins Hypothekenbuch nach Art. 18 bezw. 22 des Gesetzes vom 2. Februar 1898: **98**, 94, 100 — bei Behandlung und Erledigung der Ersuchen von Gerichten und Privaten um Erteilung oder Berichtigung von Auszügen aus dem Grundsteuerkataster **98**, 633 — des Grundbuchanlegungsverfahrens **98**, 636 f. — bei Eintragung von Grunddienstbarkeiten in das Hypothekenbuch **99**, 168 f. — bei Notariatsgeschäften **99**, 762, 766, 768, 769, 772, 774, 775, 778 — bei Hinterlegungssachen der Notare **99**, 785 — bei der Registerführung der Amtsgerichte **99**, 931 f., 986, 987, 1026, 1051 f., 1052 —

im gerichtlichen Hinterlegungswesen **99**, 1075, 1076, 1077; **00**, 302 f. — für Gegenstände der Dienstaufsicht **00**, 348 — bei Amtsgeschäften der Notare **00**, 348 f. — im Verfahren bei Erinnerungen und Beschwerden im Gebührenwesen **00**, 389 — von Amtshandlungen der Standesbeamten **00**, 914 ff. — bei Abmarkung von Grundstücken **01**, 97 — bei Erledigung von Ersuchen um Rechtshilfe in Angelegenheiten der freiwilligen Gerichtsbarkeit im Verkehr mit Baden **01**, 266 — bei Richtigstellung des Zeugnisses über die Fortsetzung der Gütergemeinschaft **01**, 388 — im Grundbuch-Anmeldungsverfahren in den Landesteilen rechts des Rheins **01**, 495.

Gebührengesetz vom 18. August 1879 in Fassung der Bekanntmachung vom 11. November 1899, Auszug hieraus bezüglich der Führung des Handelsregisters **99**, 929 ff.; insbesondere des Schiffsregisters **99**, 1025 f.; des Vereinsregisters und Güterrechtsregisters **99**, 1051 f.; Vollzug im allgemeinen **00**, 335 ff., 343 ff.; insbesondere des Art. 5: **99**, 517 ff., 533 ff., 761 ff.; **00**, 338, 1043 ff.; des Art. 25: **00**, 344; des Art. 96, 98: **01**, 455 ff.; des Art. 199: **00**, 336; des Art. 199 Ziff. 3: **00**, 337; des Art. 200: **00**, 337; des Art. 222 Abs. 4: **00**, 338; des Art. 222 Abs. 5: **00**, 337; des Art. 234: **00**, 336; des Art. 280: **00**, 337; des Art. 284: **99**, 1074 ff.; des Art. 287: **00**, 340.

Gebühreninspektionen **00**, 379.

Gebührenmarken, Verwendung bei Amtshandlungen der Gerichtsvollzieher nicht mehr statthaft **01**, 589 ff.

Gebührenordnung, Bayerische, vom 16. Dezember 1899 für Gerichtsvollzieher **99**, 533 ff. — s. a. Notariatsgebührenordnung, Reichsgebührenordnung.

Gebührenpflicht der Zustellungen von Erklärungen außerhalb des Prozesses **96**, 117 f. — der Amtshandlungen der Standesbeamten **00**, 914 ff.

Gebührenregister, der Gerichtsvollzieher **99**, 1159 f., 1166 ff., 1176 f., 1182, 1183, 1184, 1189 (Form. 1205 ff.); **00**, 351 f., 355, 373, 375, 376 f., 377, 378, 381, 383; **01**, 590; s. a. Uebersicht — Führung ꝛc. im Gebührenwesen **00**, 336, 342, 350 f., 354, 355, 377, 389, 390; s. a. **98**, 199 ff. — allgemeines, der Gerichte **00**, 351 f., 362, 362 f. (Form. 395 ff.) — für das Grundbuchwesen **00**, 351, 363 (Form. 399 ff.) — für Handelssachen **96**, 392; **00**, 362 f., 366 — s. a. Notariatsgebührenregister, Staatsgebührenregister, Revision.

Gebührenregisterhefte der Gerichtsvollzieher **99**, 1166, 1176.

Gebührenregisternummern im Gerichtsvollzieherwesen **99**, 1167, 1169, 1171, 1178 f. — im Gebührenwesen **00**, 303, 304, 350 f., 352, 367 f.

Gebührenrevision **00**, 336, 375 ff., 377 ff.

Gebührentarif für Geschäfte der Standesbeamten **99**, 1244.

Gebührenvorschüsse, Behandlung im Gebührenwesen **00**, 350, 359, 359 f.

Gebührenwesen, Besorgung des Gebühren- und Rechnungswesens beim K. Amtsgerichte Augsburg **96**, 36; desgl. beim K. Landgericht Augsburg **96**, 248 — der Gerichtsvollzieher **99**, 525; **00**, 341, 350, 355, 359, 373, 375, 376 f., 378, 381, 383 — der Notariate **99**, 692 ff. — Bestimmungen hierüber **00**, 335 ff.; 343 ff. — Gesetz hierüber s. Gebührengesetz.

Geburten, Beurkundung **99**, 1227 ff.

Geburtsurkunden, Anträge auf Beisetzung eines Vermerks am Rande einer Geburtsurkunde **00**, 862 ff.

Gefälle s. Grundgefälle, Übersicht.

Gefängnisarbeit s. Übersicht über die Arbeitsthätigkeit.

Gefängnisaufseher, Dienstkleidung **97**, 165.

Gefängnisbücher s. Auszüge.

Gefängnisdienst, Besorgung durch Gerichtsvollzieher **99**, 518, 522, 526, 531.

Gefängnisse, Zustellungen von Amtswegen in G. der Justizverwaltung **99**, 500 f.

Gefängnisstatistik, Herstellung **00**, 1284 (Form. 1381, 1383 ff.).

Gefängnisstrafen s. Freiheitsstrafen.

Gefängnisverwaltungen, Telephonbenützung **96**, 60 f.

Gefängniswärter, Dienstkleidung **97**, 165.

Gefangenanstalten s. Strafanstalten, Verpflegskosten.

Gefangene, Zustellungen von Amtswegen in Strafsachen an **G. 99**, 496 f., 500 f.; **00**, 582 f. — Ausschluß der Postsendungen an G. von der postamtlichen Zustellung **00**, 504 — Nachweis über die Beschäftigung der G. in den Strafanstalten und Arbeitshäusern s. Übersicht — s. a. Strafgefangene, Untersuchungsgefangene.

Gefangenenarbeit s. Übersicht über die Arbeitsthätigkeit in den Strafanstalten und Arbeitshäusern des Königreichs.

Gegenstand der Eintragung in das Handelsregister **99**, 856 ff.
Gegenvormund, Bestellung **00**, 184 f. — Genehmigung zur Anlegung und Erhebung von Mündelgeld **00**, 190 f. — Vorlage und Prüfung der Rechnung des Vormunds **00**, 194 — Aufschlußerteilung über die persönlichen Verhältnisse des Mündels **00**, 196 — s. a. Ladung.
Gegenzeichnung der Ministerial-Ausfertigungen **97**, 51 f.
Gehalte der Gerichtsvollzieher **99**, 518, 529 ff. — der zu Gerichtsschreibern ernannten Gerichtsvollzieher **99**, 532 — der Notariatsgehilfen **01**, 343 f.
Geheimnisse s. Privatgeheimnisse, Siebenergeheimnis.
Gehilfen, Ersatzzustellung an G. von Rechtsanwälten, Notaren und Gerichtsvollziehern von Amtswegen **99**, 485; desgl. im Parteiauftrag **00**, 631, 632 — s. a. Amtsgerichtsdienergehilfen, Gerichtsschreibergehilfen, Gewerbegehilfen, Notariatsgehilfen, Sekretariatsgehilfen.
Geisteskranke, Unterbringung in Privatirrenanstalten **96**, 36 f., 37 ff., 41 ff.
Geldanlage im Depositenverkehr mit der K. Bank **99**, 369 — bei den K. Bankanstalten **01**, 565.
Gelder, portofreie Vermittelung des amtlichen Geldverkehrs durch die Postanstalten im Ortsbezirke unzulässig **97**, 261 — Übernahme von G. durch Notare **99**, 689 — Hinterlegung bei den amtsgerichtlichen Hinterlegungsstellen **99**, 1058, 1059, 1060; bei der K. Bank **99**, 1071 ff. — Ablieferung ärarialischer G. an das Rentamt **00**, 353, 1228 f. — Pfändung **00**, 678, 685, 686 — Verpfändbarkeit gewisser Geldbeträge **00**, 679, 680 — amtliche, der Gerichtsvollzieher **99**, 1144, 1172 ff. — s. a. durchlaufende Gelder, Geldanlage, Mündelgelder, Parteigelder, Strafgelder, Tagegelder.
Geldforderungen, Zwangsvollstreckung durch den Gerichtsvollzieher wegen G. in bewegliche körperliche Sachen **00**, 647, 648 ff. — Zwangsvollstreckung wegen G. in Forderungen und andere Vermögensrechte sowie in das unbewegliche Vermögen **00**, 708 ff. — Zwangsvollstreckung wegen G. gegen den Fiskus, Gemeinden und die unter Leitung des Staates oder einer Gemeinde stehenden Körperschaften und Stiftungen **00**, 648.
Geldstrafen wegen unterlassener Anzeige von Gutszertrümmerungen **98**, 92, 83 f. — der Gerichtsvollzieher **99**, 526 — Beitreibung **00**, 300 f. — rechnerische Behandlung und Beitreibung im Gebührenwesen **00**, 340, 342, 349 ff., 366, 377 ff. — Beitreibung durch Gerichtsvollzieher **00**, 740 ff. — Behandlung der Gesuche um Stundung der Zahlung der Geldstrafen und um Gestattung der Entrichtung der Geldstrafen in Teilbeträgen **00**, 299 ff.
Gemeindeanstalten s. Bekanntmachungen.
Gemeindeausschüsse, Beschlußfassung über die Einführung der örtlichen Besitzveränderungsabgabe **98**, 196.
Gemeindebehörden, Verständigung Verurteilter von der Bewilligung der Aussetzung des Strafvollzugs unter Vermittelung der G. **96**, 81 — Mitwirkung im Grundbuchanlegungsverfahren in den Landesteilen rechts des Rheins **98**, 633 ff. — Anweisung für G. zur Errichtung von Testamenten vor dem Gemeindevorsteher **01**, 24, 25 ff. — s. a. Bekanntmachungen.
Gemeindebevollmächtigte, Zustimmung zur Einführung der örtlichen Besitzveränderungsabgabe **98**, 196.
Gemeinden, Übernahme von Grundgefällen der G. durch die Staatskasse **98**, 85 ff., 82 ff., 96 ff., 99 ff. — Zustellungen von Amtswegen an G. **99**, 480, 482, 483, 485, 488, 511; desgl. durch den Gerichtsvollzieher **00**, 626, 628, 631 f.; desgl. durch den Postboten **00**, 514 f. — Beschaffung der Grenzzeichen durch die G. **01**, 135 — Anheftung der Aufforderung zur Grundbuch-Anmeldung in den G. der Landesteile rechts des Rheins **01**, 499 ff. — s. a. Steuergemeinden, Besitzveränderungsabgabe.
Gemeinderat in der Pfalz, Beschlußfassung über die Einführung der örtlichen Besitzveränderungsabgabe **98**, 196.
Gemeindesparkassen, Anlegung von Mündelgeld bei G. **00**, 190, 190 f.
Gemeindeversammlung, Zustimmung zur Einführung der örtlichen Besitzveränderungsabgabe **98**, 196.
Gemeindevorsteher, Niederlegung des Schriftstücks bei den G. anläßlich der Zustellung von Amtswegen **99**, 483 f., 484 f.; **00**, 110 ff.; desgl. im Parteiauftrag **00**, 110 ff., 628 ff., 631, 632 — Errichtung von Testamenten vor dem G. **01**, 21 ff., 24 ff.
Gemeindewaisenrat 99, 553 ff., 571 ff.; **00**, 1131 f., 1134 ff. — Bestimmungen be

züglich des Vormundschaftswesens **00**, 182 f., 183, 184, 187, 200.
Gemeine des aktiven Heeres, Zustellung von Amtswegen an G. **99**, 480, 482, 487, 488, 509; desgl. im Parteiauftrage **00**, 626, 627 f., 633, 634, 638.
Gemeinschaft s. Gütergemeinschaft.
Gemeinschaftliche Hinterlegungsstellen für mehrere Amtsgerichtsbezirke **99**, 1058, 1079 f., 1081; **00**, 1167 f.
Gemeinschaftshaft, Bestimmungen hierüber **98**, 28 f.
Gendarmerie, unentgeltliche Lieferung des Deutschen Fahndungsblattes an Gendarmeriestationen **99**, 90 f., 92 — Anzeigen über das Erscheinen von Zigeunern **99**, 106 — Gebühren bei Versetzungen und Kommandierungen **99**, 331, 332 f.
Genehmigung der Satzungen und Betriebsvorschriften für Privatirrenanstalten **96**, 39 — der Konzession für Unternehmer von Privatirrenanstalten **96**, 40 — der Aufnahme eines Pfleglings in eine Privatirrenanstalt **96**, 41 f. — zur Ausgabe von Schuldverschreibungen auf den Inhaber **96**, 114, 181 ff. — von Namensänderungen, Mitteilung hierüber **97**, 82; in der Pfalz **97**, 80 f. — zur Erhebung der örtlichen Besitzveränderungsabgabe **98**, 195 f. — Prüfung der Frage der Notwendigkeit einer G. durch Notare **99**, 622 ff. — von Notariatsurkunden **99**, 647 ff. — Zuständigkeit zur Erteilung der Genehmigung zu einer Änderung des Zweckes eines Vereins oder einer sonstigen Änderung der Satzung **00**, 98; desgl. zur Entstehung einer rechtsfähigen Stiftung **00**, 98; desgl. für Schuldverschreibungen auf den Inhaber nach § 795 B.G.B. sowie für Schuldverschreibungen, die von Verkehrsunternehmungen ausgestellt werden **00**, 99 f.
Generalakten der Gerichtsvollzieher **99**, 1177, 1178.
Generaldirektion der K. B. Verkehrsanstalten, Erteilung der Erlaubnis zur regelmäßigen Benützung reiner Güterzüge durch gewisse Personen **98**, 120.
Generalkonsulat, Kaiserliches, in Budapest, Anfragen um Auskunft über das Ableben von deutschen Reichsangehörigen in Ungarn **96**, 391 f.
Generalrechnung s. Unterstützungsverein, allgemeiner.
Generalsekretäre der Zivilstaatsministerien, Gegenzeichnung **97**, 52.
Generalstaatsanwalt bei dem Obersten Landesgerichte, Dienstsiegel **99**, 540.
Genossen, Eintragungen in die Liste der G. **99**, 935, 944 ff., 959 (Form. 951 ff.) — s. a. Hausgenossen.
Genossenschaften s. Statistik.
Genossenschaftsregister, Führung dess. und Anmeldungen zu dems. **99**, 907 932 f., 933 f., 934 ff., 955 ff., 958, 959 ff.; **00**, 976 (Form. **99**, 969 ff.) — Bezug des Formularpapiers hiefür und Einbinden **01**, 441.
Genußmittel s. Untersuchungsanstalten.
Geometer, Abmarkungsgeschäfte **01**, 101 ff.
Gerichte, Vollstreckung von Gesamtstrafen bei Festsetzung der Einzelstrafen von Gerichten verschiedener Bundesstaaten **85**, 159 f; **00**, 1015 f.; **01**, 379 f. — Telephonbenützung **96**, 60 f. — unmittelbarer Geschäftsverkehr mit den K. K. österreichischen Patentbehörden **99**, 139 — Vorbereitungsdienst der Rechtspraktikanten bei den G. **99**, 227 ff., 232 ff. — Anzeige über Bestellung eines Vormunds an das Vormundschaftsgericht **00**, 182 f. — Behandlung des Gebührenwesens bei den G. **00**, 340 ff., 350 ff. — Vollstreckung gerichtlicher Anordnungen in Angelegenheiten der freiwilligen Gerichtsbarkeit **00**, 737 f. — Vollstreckung der von deutschen Gerichten in bürgerlichen Rechtsstreitigkeiten erlassenen Urteilen in Oesterreich **00**, 795 ff. — Handhabung der Dienstaufsicht über die Gerichte durch die äußeren Dienstbehörden **00**, 997 ff. — Vollstreckbarkeit von Entscheidungen deutscher Gerichte in Österreich **01**, 41 — Aushändigung von Akten und Aufschlußerteilung im Strafprozesse an G. durch die Oberbahnämter (Eisenbahnbetriebsdirektionen) **01**, 458 — s. a. Amtsgerichte, Ehrengerichte, Gewerbegerichte, Landgerichte, Marinegerichte, Militäruntergerichte, Nachlaßgericht, Oberlandesgerichte, Oberstes Landesgericht, Registergerichte, Schöffengerichte, Schwurgerichte, Vollstreckungsgericht, Vormundschaftsgericht, Zivilgerichte, ferner Geschäftsausweise, Hinterlegungswesen, Kiautschou, Ungarn.
Gerichtsakten, Einsicht durch Finanzkommissäre **00**, 336.
Gerichtsauslagen, rechnerische Behandlung **00**, 363 ff., 367, 383 — s. a. Auslagenregister, Quittungen, Vorschußregister.

Gerichtsbarkeit s. freiwillige Gerichtsbarkeit, streitige Gerichtsbarkeit.

Gerichtsbeamte, Benützung reiner Güterzüge **98,** 119 f. — s. a. Kommissionskosten.

Gerichtsdiener, Zustellungen von Amtswegen durch G. **99,** 481 ff., 477, 478, 515, 521 — Gerichtsvollzieher als G. **99,** 521 f., 1160, 1161.

Gerichtsferien, ohne Einfluß auf die Erledigung der das Börsenregister betreffenden Angelegenheiten **00,** 991 — desgl. auf die Übernahme von Amtshandlungen der Gerichtsvollzieher **99,** 1145.

Gerichtsgebühren s. Gebühren, Gerichtskosten.

Gerichtsgefängnisse, Zustellungen an Gefangene in G. **99,** 500 f.

Gerichtskosten, Behandlung **97,** 13 f. — Erhebung und zwangsweise Beitreibung durch Gerichtsvollzieher **99,** 521.

Gerichtskostengesetz für das Deutsche Reich s. Reichs-Gerichtskostengesetz.

Gerichtsschreiber, Erlernung der Stenographie **97,** 115 f. — Personalakten und Qualifikation **97,** 116 — Obliegenheiten in bezug auf Zustellungen von Amtswegen **99,** 477 ff., 515 — Aufstellung von G. an Amtsgerichten zur Unterstützung des Amtsgerichtsvorstandes bei der Aufsicht und Leitung der Geschäfte einer Gerichtsvollzieherei mit größerem Geschäftsumfang **99,** 526, 532, 1147 f., 1170, 1178, 1185 ff., 1189 f. — Obliegenheiten in bezug auf Führung der Handelsregister **99,** 816 ff., 841, 844 f., 856, 867, 869, 887 ff., 904, 906, 989 — bei Amtsgerichten als zweite Hinterlegungsbeamte **99,** 1058 f., 1063, 1086 — vorläufige Verwahrung durch G. **99,** 1070, 1087 — Führung des Verzeichnisses der bei dem Amtsgerichte hinterlegten Urkunden, die nicht Wertpapiere sind **99,** 1089 (Form. 1111 ff.) — Verrichtungen in Nachlaßsachen **00,** 7, 8, 25 f., 35, 38; desgl. in Vormundschaftssachen **00,** 188 f., 203, 206, 212, 212 f., 213 — Führung des Registers der Angelegenheiten der freiwilligen Gerichtsbarkeit **00,** 89 ff.; desgl. des Vormundschaftsverzeichnisses **00,** 209 — Verpflichtung zur Entgegennahme und Aufnahme der Gesuche um Stundung der Zahlung von Geldstrafen und um Gestattung der Entrichtung der Geldstrafen in Teilbeträgen **00,** 299 — Besorgung des Gebührenwesens **00,** 359 ff., 340 f., 341 f., 350 f. — Unzulässigkeit der Beiziehung eines G. zu Versammlungen der Waisenräte **01,** 183 — Zuziehung eines G. zur Beurkundung im Grundbuch-Anmeldungsverfahren in den Landesteilen rechts des Rheins **01,** 501 — s. a. geschäftsleitende Gerichtsschreiber, Obergerichtsschreiber, rechnungsführende Gerichtsschreiber.

Gerichtsschreiberei, Erlernung der Stenographie durch Beamte und Bedienstete der G. **97,** 115 f. — als Absenderin der von Amtswegen zuzustellenden Schriftstücke **99,** 479, 489 — Niederlegung des Schriftstücks auf der G. bei Zustellungen von Amtswegen **99,** 483 f., 484 f.; desgl. im Parteiauftrage **00,** 629 f., 630 — Ersuchen um Bewirkung einer Zustellung an Gefangene **99,** 500 — Zustellung an Gefangene **99,** 500 f. — Mitwirkung des Gerichtsvollziehers bei Besorgung des Schreibwerks in der G. eines Amtsgerichts **99,** 521 — Leistung von Schreibwerk des Gerichtsvollziehers durch die G. eines Amtsgerichts **99,** 522, 1184.

Gerichtsschreibereibedienstete, Unzulässigkeit der Beiziehung solcher zu den Versammlungen der Waisenräte **01,** 183 — Zuziehung von G. eines Amtsgerichts zum Niederschreiben des Protokolls bei auswärtigen Dienstgeschäften eines Notariatsverwesers **01,** 206 f.

Gerichtsschreibergehilfen, Aufnahme, Bezüge 2c. **97,** 115 — Erlernung der Stenographie **97,** 116 Befreiung von der Invalidenversicherungspflicht **01,** 4 — Nachweisung der Bezüge der aus Anlaß der Einführung des Grundbuchs aufgenommenen G. in den gerichtlichen Regierechnungen **01,** 177.

Gerichtssiegel, Verschluß der von Amtswegen zuzustellenden Schriftstücke mit dem G. **99,** 479.

Gerichtsverfassungsgesetz s. Reichs-Gerichtsverfassungsgesetz.

Gerichtsvollzieher, Zustellungen von Erklärungen außerhalb des Prozesses **96,** 117 f.; insbesondere von Schuld- und Hypothekenbriefen (Hypothekenbuchs-Einsicht) **96,** 118 — Anfertigung der zur Zustellung in Armenrechtssachen erforderlichen Abschriften **96,** 334 — Benützung reiner Güterzüge **98,** 119 f. — Nichtstattfindung der Mitwirkung des G. bei Zustellungen von Amtswegen **99,** 477 — Ersatzzustellung an G. von Amtswegen **99,** 485, 488, 513; im Parteiauftrage **00,** 631, 632 — Gebühren **99**, 523 ff., 533 ff., 1151 ff. — Auslagen **99**, 523, 525 — für Strafsachen **99**, 529, 1142, 1177, 1194 — Dienstvorschriften **99**, 1133 ff. — im Nebenamte **99**, 1134, 1177, 1194 — Behandlung des Gebührenwesens **00**, 349 ff. — postamtliche Zustellung von Schreiben mit Zustellungsurkunde an G. **00**, 513 — s. a. Hilfsgerichtsvollzieher, ferner Empfangnahme, Ersatzzustellungen, Gebührenmarken, Geschäftsanweisung, Übersicht, Zusammenstellung, Zustellungen.

Gerichtsvollzieherakte s. Gebührenmarken.

Gerichtsvollzieheramt s. Bewerber, Prüfung, Vorbereitungsdienst.

Gerichtsvollziehereien, Bestimmungen hierüber **99**, 518, 519, 523, 524, 524 f., 525, 527, 537 f., 1133, 1145 f., 1154, 1159, 1166, 1170, 1171, 1174, 1178, 1179, 1185 ff., 1188 ff., 1195; **01**, 535 — s. a. Gebührenanteil, Geschäftsgang, Übersicht, Zusammenstellung.

Gerichtsvollziehergebühren s. Gebührenordnung.

Gerichtsvollzieherordnung vom 16. Dezember 1899: **99**, 517 ff. — Vollzug des § 2: **99**, 537 f.; **01**, 535.

Gerichtsvorstände, Anordnungen bezüglich der Zustellungen von Amtswegen **99**, 477, 478 — s. a. Amtsgerichtsvorstände.

Gesamtgut, Auseinandersetzung in Ansehung des G. **00**, 32.

Gesamthypotheken **98**, 252 f.

Gesamtliste der Eintragungen in die Börsenregister, Aufstellung **99**, 988, 991 (Form. 997).

Gesamtstrafen, Vollstreckung von solchen bei Festsetzung der Einzelstrafen von Gerichten verschiedener Bundesstaaten **00**, 1015 f.; **01**, 379 f.

Geschäfte des Strafsenats des Obersten Landesgerichts **00**, 307 — s. a. Abmarkungsgeschäfte, Amtsgeschäfte, Hauptgeschäfte, Kaufgeschäfte, Liegenschaftsgeschäfte, Nebengeschäfte.

Geschäftsanweisung für die Anlegungsbeamten für das Grundbuch in den Landesteilen rechts des Rheins **98**, 507 ff. — für die Gerichtsvollzieher **00**, 621 ff. — s. a. Grundbuchanlegungsordnung.

Geschäftsausweise der Gerichte und Staatsanwaltschaften **94**, 137 ff.; **00**, 1271 ff.

Geschäftsbehandlung bei den Hypothekenämtern **97**, 143 f. — Formelle G. von Nachlaßsachen **00**, 35 ff.; desgl. von Vormundschaftssachen **00**, 206 ff.

Geschäftsbücher der Gerichtsvollzieher **99**, 1159 ff., 1177, 1180, 1181.

Geschäftsfähigkeit der Beteiligten, Prüfung durch Notare **99**, 618 f.

Geschäftsführung des Gerichtsvollziehers **99**, 522 f., 1143 ff. — des Gemeindewaisenrats **99**, 554 ff., 575 ff. — der amtsgerichtlichen Hinterlegungsstellen **99**, 1061, 1080 ff.

Geschäftsgang bei den einzelnen Gerichtsvollziehern **99**, 1181 ff. — bei den Gerichtsvollziehereien **99**, 1185 ff.

Geschäftsleitende Gerichtsschreiber, Verleihung des Titels, Ranges und Gehalts von landgerichtlichen Obersekretären an solche **96**, 205 f.

Geschäftslokal, Zustellung von Amtswegen im G. des Zustellungsempfängers **99**, 481, 482, 485 f., 486; desgl. im Parteiauftrage **00**, 627, 631, 632.

Geschäftsnummern für das Register für Zustellungen von Amtswegen **99**, 478 — auf dem Briefumschlage des von Amtswegen zuzustellenden Schriftstücks **99**, 479 — Vortrag der G. in den Reinschriften amtlicher Berichte, Schreiben und Erlasse **01**, 365.

Geschäftsordnung für die Notariate **99**, 591 ff.

Geschäftsräume der Gerichtsvollzieher **99**, 520.

Geschäftsregister der Notariate **99**, 600 ff. (Form. 701 ff.)

Geschäftsstunden der Rechtspraktikanten **99**, 241 — s. a. Geschäftszeit.

Geschäftsübersichten der Gerichtsvollzieher **99**, 1191 ff. (Form. 1215 ff.) — der Gerichtsvollzieher im Nebenamte **99**, 1194 — der Gerichtsvollzieher in Strafsachen **99**, 1194 (Form. 1219 f.) — s. a. Geschäftsausweise, Übersicht.

Geschäftsvereinfachung im amtlichen Verkehr **01**, 363, 378.

Geschäftsverkehr, unmittelbarer G. der Gerichte mit den K. K. österreichischen Patentbehörden **99**, 139 — mit dem Gericht in Kiautschou und den Marinegerichten im Auslande **99**, 355 ff. — zwischen den bayerischen Gerichten und den Gerichten der deutschen Schutzgebiete **00**, 963 — Vereinfachung des dienstlichen G. **01**, 363, 378.

Geschäftsverteilung unter den mehreren Gerichtsvollziehern einer Gerichtsvollzieherei **99**, 522 — bei dem Amtsgericht München I: **00**, 1173 f.

Geschäftsverzeichnis der Rechtspraktikanten **99**, 239 f. (Form. 285 ff.).
Geschäftszeit der Notare **99**, 596 ff.
Geschäftszeugen der Notariate **99**, 631 ff., 629, 630, 647, 648, 650, 651, 677.
Geschworene, Benützung reiner Güterzüge **98**, 119 f. — Vergütung von Reisekosten an G. **00**, 297 f. — s. a. Feldgeschworene.
Gesellen, Zustellung von Amtswegen an G. **99**, 485; desgl. im Parteiauftrage **00**, 630.
Gesellschaften mit beschränkter Haftung, Bestimmungen bezüglich der Führung des Handelsregister **99**, 812, 813, 829 ff., 834, 836, 842 f., 844, 850, 853 f., 864 f., 892 f., 929 — Eintrag in das Gesellschaftsregister **99**, 880 ff. — Anmeldung zum Schiffsregister **99**, 1001 — s. a. Aktiengesellschaften, Handelsgesellschaften, Kommanditgesellschaften, Kommanditgesellschaft auf Aktien.
Gesellschaftsfirmen, Zustellung von Amtswegen an G. **99**, 480.
Gesellschaftsregister, Führung **99**, 816 ff. — Eintragungen in das G. **99**, 880 ff. (Form. 919 ff.).
Gesetzbuch s. Bürgerliches Gesetzbuch.
Gesetz- und Verordnungsblatt, Bekanntmachung der Erteilung der Genehmigung zur Ausgabe von Schuldverschreibungen auf den Inhaber rc. im G. **96**, 114.
Gesinderecht, Zuständigkeit **00**, 99.
Gestattung des mündlichen Verhandelns vor einem Amtsgericht **00**, 115 f.
Gesuche um Aufnahme von Pfleglingen in Privatirrenanstalten **96**, 41 f. — Verurteilter um Bewilligung einer Bewährungsfrist **96**, 84 f., 88 — um Präbenden aus dem Emma Schuler'schen Erbvermögen **97**, 34 ff. — Dienstgang bei Einreichung von Gesuchen der Rechtskandidaten und Rechtspraktikanten **99**, 255 f. — Gesuche um Stundung der Zahlung der Geldstrafen und um Gestattung der Entrichtung der Geldstrafen in Teilbeträgen **00**, 299 ff. — um Bewilligung zur Änderung des Familiennamens **00**, 97 f., 856 ff.; desgl. des Vornamens **00**, 98, 858 ff. — um Bewilligung der Befreiung von Ehehindernissen **00**, 105 f.; desgl. von dem für die Annahme an Kindesstatt erforderlichen Alter des Annehmenden **00**, 102, 106 f. — Gebührenfreiheit der G. um dienstliche Verehelichungsbewilligung und um Erlaubnis zur Übernahme des Amts als Vormund, Pfleger oder Beistand seitens öffentlicher Bediensteter **00**, 348 — s. a. Begnadigungsgesuche, Dispensationsgesuche, Urlaubsgesuche, Verehelichungsgesuche.
Gesundheitsamt, Kaiserliches, Mitteilung gerichtlicher Urteile an dass. **99**, 138 f.
Gesundheitspolizei, Mitteilung der hierauf bezüglichen gerichtlichen Urteile an das Kaiserliche Gesundheitsamt **99**, 138 f.
Getränke, weinhaltige und weinähnliche, Vollzug des Reichsgesetzes vom 20. April 1892 über den Verkehr hiemit **97**, 259 f.
Gewalt s. Disziplinargewalt, elterliche Gewalt.
Gewerbegehilfen, Ersatzzustellung von Amtswegen an G. **99**, 479, 485; desgl. im Parteiauftrage **00**, 630.
Gewerbegerichte, Übersicht der in Bayern bestehenden G. unter Angabe ihrer örtlichen und sachlichen Zuständigkeit **01**, 291 ff.
Gewerbekammern s. Handels- und Gewerbekammern.
Gewerbeordnung s. Reichs-Gewerbeordnung.
Gewerbetreibende, Zustellung von Amtswegen an G. **99**, 485, 488, 507; desgl. im Parteiauftrage **00**, 630, 631, 632 — postamtliche Zustellung an G. **00**, 513.
Gewicht, Bezeichnung in öffentlichen Urkunden **96**, 394.
Gewichtsordnung s. Maß- und Gewichtsordnung.
Gewinnanteilscheine der bei den Gerichten hinterlegten Wertpapieren **99**, 1060, 1065, 1077, 1083, 1084.
Gewöhnliche Zustellung im Parteiauftrag durch den Gerichtsvollzieher **99**, 523, 1147, 1155 f., 1156, 1163; **00**, 623, 624 ff., 627 ff., 710 — durch den Postboten **00**, 504, 505, 507, 508, 511.
Gewohnheitsvaganten s. Notizen.
Gläubiger s. Nachlaßgläubiger, Pfandgläubiger.
Gleichzeitige Pfändung für mehrere Gläubiger, Bewirkung durch den Gerichtsvollzieher **99**, 1147, 1156; **00**, 676 f., 687, 707 f.
Gottesdienst, Zustellungen von Amtswegen während des vormittägigen öffentlichen G. **99**, 487; desgl. im Parteiauftrage **00**, 633 — Vornahme von Amtshandlungen der Gerichtsvollzieher an Sonn- und allgemeinen Feiertagen während des vormittägigen öffentlichen

G. **99**, 1145; insbes. von Vollstreckungshandlungen **00**, 669.
Grenzbegehung nach Art. 12 des Abmarkungsgesetzes **01**, 126 f.
Grenzzeichen bei Abmarkung der Grundstücke **01**, 91, 116 ff., 125 f., 135, 167 ff.
Grundbuch, Anlegung in Bayern **99**, 400 ff. — in den Landesteilen rechts des Rheins, Vorbereitung der Anlegung **98**, 227 f., 251 ff., 256 ff., 507 ff. — Erklärung des Hypothekenbuchs zum Grundbuch **98**, 262 f. — Anlegung **98**, 632 f., 633 ff.; s. a. 606 f.; **99**, 330 — Anmeldungsverfahren **01**, 489 ff.
— in der Pfalz, Anlegung **98**, 301 ff., 305 ff., 315 ff., 632 f.; **99**, 31 f., 33, 99 f., 330 f., 385 f., 399 f., 403; **00**, 121 f., 1070, 1121, 1169 f., 1202 ff., 1227, 1257 ff.; **01**, 42, 43, 255 f., 281 f., 296 f., 380 f., 424 f., 529 f., 551 f., 563 f., 613 f., 629 ff., 644 f., 647 f. — Führung **00**, 1048 ff. — s. a. Einsichtnahme, Geschäftsanweisung, Grundbuchanlegungsordnung, Münchener Grundbuch, Übersicht.
Grundbuchanlegungs-Kommissäre, rechnerische Behandlung der Besoldungsbezüge derselben **01**, 177.
Grundbuchanlegungsordnung für die Pfalz **98**, 315 ff. — für die Landesteile rechts des Rheins s. Geschäftsanweisung.
Grundbuchbeamte, Bestimmungen bezüglich des Notariatswesens **99**, 624 ff.
Grundbuchordnung in Fassung der Bekanntmachung vom 20. Mai 1898, Auszug hieraus bezüglich der Führung des Handelsregisters **99**, 813; insbesondere des Vereinsregisters und Güterrechtsregisters **99**, 1034 — Vollzug **00**, 1048 ff.
Grundbuchsachen, Gebührenregister hiefür **00**, 363 (Form. 399 ff.) — Führung eines besonderen Registers für Zustellungen von Amtswegen in G. **00**, 593.
Grundbuchwesen, Zustellungen von Amtswegen **99**, 476, 492; **00**, 591, 592 f. — Gebühren **00**, 346 f., 348 — Gebühren der Notare **00**, 1043 ff. — Einziehung von Kosten in Grundbuchsachen auf Ersuchen der Behörde eines anderen Bundesstaates **01**, 319 f. — s. a. Gebührenregister.
Grunddienstbarkeiten, Eintragung in das Hypothekenbuch der Landesteile rechts des Rheins **99**, 165 ff.
Grundentlastung, Vollzug des Gesetzes vom 2. Februar 1898 über die Fortsetzung ders. **98**, 81 ff., 85 ff., 96 ff., 99 ff.
Grundgefälle, Übernahme solcher von Privaten, Stiftungen oder Gemeinden durch die Staatskasse **98**, 85 ff., 82 ff., 96 ff., 99 ff.
Grundrenten-Ablösungskasse, Bodenzinse **98**, 90, 82, 91 ff.
Grundschulden, Anlegung von Mündelgeld in G. **00**, 190.
Grundsteuergesetz vom 15. August 1828 bezw. 19. Mai 1881, Vollzug **00**, 481 f. — Vollzug des § 72 Abs. 3: **01**, 443 ff.
Grundsteuerkataster, Übereinstimmung mit dem Sachregister zu den Hypothekenbüchern **99**, 358.
Grundsteuerkatasterauszüge, Erteilung im Grundbuchanlegungsverfahren **98**, 632 f.
Grundstücke, Löschung und Übertragung des Eintrags eines G. im Hypothekenbuch **98**, 227 f. — Eintrag der bisher folienfreien G. in das Hypothekenbuch **98**, 251 f., 256 ff. — vom Buchungszwang befreite **98**, 255 — Übergabe von G. an den Verwalter durch Gerichtsvollzieher **99**, 534, 1193; **00**, 730 f. — s. a. Abmarkung, Grundentlastung, Plannummernbezeichnung.
Gütergemeinschaft, Fortsetzung derselben s. Zeugnis.
Güterhändler, Ablösung von Bodenzinsen **98**, 92, 83 f., 100 ff.
Güterrechtsregister, Führung **99**, 1031 f., 1033, 1034, 1034 f., 1037 ff., 1052; **00**, 483 ff. (Form. **99**, 1045, 1050) — Vortrag der für Einträge in das G. zum Anfall gelangenden Gebühren im Allgemeinen Gebührenregister **00**, 363 — Bezug des Formularpapiers und Einbinden **01**, 440 f.
Güterrechtsregisternummern **99**, 1035, 1038.
Güterstand, Eintragung in das Güterrechtsregister **99**, 1031 f., 1037 f.
Güterzertrümmerungen, Ablösung von Bodenzinsen hiebei **98**, 92, 83 f., 100 ff.
Güterzüge, Benützung reiner G. zur Beförderung von Personen **98**, 119 f.
Gutachten über milchwirtschaftliche Fragen **98**, 231 — der Notare **99**, 688 f. — über Gesuche um Bewilligung der Befreiung von Ehehindernissen **00**, 106; desgl. von dem für die Annahme an Kindesstatt erforderlichen Alter des Annehmenden **00**, 107 — über Anträge auf Ehelichkeitserklärung **00**, 108; desgl. auf Volljährigkeitserklärung **00**, 109 — des Amtsgerichtsvorstands und Landgerichtspräsidenten bei Gesuchen um Gestattung des mündlichen Verhandelns

vor einem Amtsgerichte **00**, 116 — der Sachverständigen, Einholung in anderen Bundesstaaten **00**, 1067 ff. — des Amtsarztes über die Arbeitstüchtigkeit der der Landespolizeibehörde überwiesenen Personen **01**, 283.

H.

Händler, gewerbsmäßige, mit ländlichen Grundstücken s. Güterhändler.

Haft, als Disziplinarstrafe gegen Gerichtsvollzieher **99**, 526 f. — Vollziehung der H. durch den Gerichtsvollzieher **00**, 724 ff. — s. a. Festungshaft, Gemeinschaftshaft, Nachhaft, Untersuchungshaft, Zwangshaft.

Haftbefehle, Veröffentlichung gerichtlicher Haftbefehle im Bayerischen Zentralpolizeiblatt **99**, 13 f. — Zustellung an Gefangene **99**, 496.

Haftstrafen, Vollstreckung der durch Strafbescheide von Seemannsämtern ausgesprochenen H. durch die landgerichtlichen Staatsanwälte **96**, 168 — s. a. Freiheitsstrafen.

Haftung der Obergerichtsschreiber bei Besorgung des Gebührenwesens durch rechnungsführende Gerichtsschreiber **00**, 341 — der Amtsvorstände für Besorgung der Gebührenbewertung der bei den Bezirksämtern, Rentämtern und Notariaten vorkommenden Verhandlungen **00**, 350 — der Notare für Staatsgebühren **00**, 358 — der Parteien für Gerichtskosten bei Vergleichen **00**, 362 — der Partei oder deren Bevollmächtigten für Entrichtung der Gebühren, Auslagen und fälligen Vorschüsse **00**, 386.

Halten von Lehrlingen, Befugnis hiezu **01**, 257 ff., 260 ff. — s. a. Dienstboten.

Handelsbank, Bayerische, Anlegung von Mündelgeld in Pfandbriefen derselben **99**, 383 f.; **00**, 189 f.

Handelsfirmen, Bestellung von Schreiben mit Postzustellungsurkunde an H. **97**, 159 f., 161 ff.

Handelsgesellschaften, Zustellung von Amtswegen an H. **99**, 480 — Bestimmungen bezüglich der Führung der Handelsregister **99**, 849, 850, 857, 870 — Eintrag in das Gesellschaftsregister **99**, 880 ff.; desgl. in das Nachschlagregister **99**, 887 ff.: desgl. in das Börsenregister **99**, 985; desgl. in das Schiffsregister **99**, 1012.

Handelsgesetzbuch vom 10. Mai 1897, Auszug hieraus bezüglich der Führung des Handelsregisters **99**, 805 ff. — Vollzug desselben bezüglich der Führung des Handelsregisters **99**, 814 ff. — Ausführungsvorschriften hiezu **00**, 103 f.; insbes. zu § 81: **01**, 257, 260 ff.

Handelskammern, Bildung **00**, 1201 f.; **01**, 393 — s. a. Handels- und Gewerbekammern.

Handelsmäkler, Ermächtigung zu Kaufgeschäften **00**, 99.

Handelsniederlassung, Anmeldung des Orts und der Verlegung einer H. zum Handelsregister **99**, 821, 822.

Handelsregister, Führung **99**, 814 ff.; s. a. 805 ff., 807 ff., 813, 814, 929 ff.; **00**, 1152 — Berichtigung und Vervollständigung **01**, 35 ff. — Bezug des Formularpapiers und Einbinden **01**, 440 f. — s. a. Einträge, Nachschlagregister.

Handelssachen **99**, 807 ff., 814 — Führung besonderer Gebührenregister hiefür **00**, 362 f., 366.

Handelsstand, Organe desselben im Sinne des § 126 Abs. 1 des Gesetzes über die Angelegenheiten der freiwilligen Gerichtsbarkeit **01**, 35.

Handels- und Gewerbekammern, Obliegenheiten in bezug auf Registersachen **99**, 893, 895; **01**, 35 ff. — Aufsicht der H. von Oberbayern bezw. von Schwaben und Neuburg über die Börsen in München und Augsburg **96**, 372 f.

Handlungen s. Amtshandlungen.

Handlungslehrlinge, Befugnis zum Halten und zur Anleitung von H. **01**, 257 ff., 260 ff.

Handregistratur, Aufbewahrung der Akten über anhängige Nachlaß- und Teilungssachen in der H. des Nachlaßrichters **00**, 39 — desgl. der Akten über anhängige Vormundschaften, Pflegschaften und Beistandschaften in der H. des Vormundschaftsrichters **00**, 209.

Handrisse s. Abmerkungshandrisse.

Handzeichen, Notariatsgebühr für Beglaubigung von H. **99**, 771 f.

Hauptbuch für sämtliche Pfleglinge in Privatirrenanstalten **96**, 39 — der amtsgerichtlichen Hinterlegungsstelle **99**, 1081 ff. (Form. 1101 ff.); **00**, 304.

Hauptgeschäfte der Notariate **99**, 601, 604 — Notariatsgebühren **99**, 766 ff.

Hauptniederlassungen, Bestimmungen bezüglich der Führung der Handelsregister **99**, 806, 809, 832 ff., 835, 837, 856, 865 f., 876 ff., 930, 941 f., 962.

Hauptregister zu den Mitteilungen des K. Landesversicherungsamtes, Herausgabe **98**, 70.

Hauptübersicht des Rentamts über den Anfall an ärarialischen Gebühren und Strafen, dann an rückzuersetzenden Gerichtsauslagen **00**, 374 f. (Form. 443 ff.).
Hauptverhandlungen s. Ladung.
Hauptverzeichnis der geprüften Bewerber um Gerichtsvollzieherstellen **99**, 1141, 1142 — der geprüften Rechtspraktikanten **01**, **54** ff. — s. a. Verzeichnis.
Hausgenossen des Zustellungsempfängers, Ersatzzustellungen von Amtswegen an H. **99**, 482; desgl. im Parteiauftrage **00**, 628, 634.
Hausordnung für Privatirrenanstalten **96**, 39, 40 — für Strafanstalten **98**, 35.
Haussteuergesetz vom 15. August 1828 bezw. 19. Mai 1881, Vollzug **00**, 481 f.
Hauswirte des Zustellungsempfängers, Ersatzzustellung von Amtswegen an H. **99**, 483, 486; desgl. im Parteiauftrage **00**, 628, 633, 634 — s. a. Familienangehörige.
Heerespflichtige s. Unsichere Heerespflichtige.
Hefte s. Dienstregisterhefte. Gebührenregisterhefte.
Hektographen, Benützung für Schreiben von vorübergehender Bedeutung im amtlichen Verkehr **01**, 368.
Herausgabe bei den amtsgerichtlichen Hinterlegungsstellen hinterlegter Sachen **99**, 1064 ff., 1077, 1083, 1084, 1086, 1117 — vorläufig verwahrter Gegenstände **99**, 1070 — in Vormundschaftssachen hinterlegter Gegenstände **00**, 192, 198 — von Sachen und unselbständigen Personen, Zwangsvollstreckung zu deren Erwirkung **00**, 719 ff. — s. a. Erlöschen.
Herausgabeweisung s. Weisung.
Hilfeleistung durch Gerichtsvollzieher bei Vollziehung von Befehlen **99**, 520.
Hilfsärzte in Privatirrenanstalten **96**, 38 ff.
Hilfsarbeiter, rechnerische Behandlung der Besoldungsbezüge der bei der Grundbuchanlegung verwendeten rechtskundigen Hilfsarbeiter **01**, 177.
Hilfsaufseher, Invalidenversicherungspflicht der H. bei den Strafanstalten und Gefängnissen **01**, 5 f.
Hilfsgerichtsvollzieher in Gerichtsvollziehereien **99**, 527 ff., 1149, 1194.
Hilfsheizer bei den Justizbehörden, Invalidenversicherungspflicht **01**, 5 f.
Hinausgabe der Urschriften aufgehobener Erbverträge an die Beteiligten **01**, 209 f.
Hinausvergütung von Gebühren für Vornahme gewisser Geschäfte an den Gerichtsvollzieher **99**, 524 f., 525, 527, 531 — durchlaufender Gelder durch den Gerichtsschreiber **00**, 364, 367, 377, 382.
Hindernisse s. Ehehindernisse.
Hinterlegung von Geld, Wertpapieren und Kostbarkeiten zum Zwecke der Nachlaßsicherung **00**, 3, 4, 5, 6, 8 f., 32; desgl. in Vormundschaftssachen **00**, 183 f., 191 ff., 193, 198, 202 f. — durch Gerichtsvollzieher **00**, 735 ff. — zu offenem Depot **01**, 407 ff. — von Mündelpapieren zu offenem Depot bei der K. Bank **01**, 409 ff. — s. a. Hinterlegungswesen, Übersicht, Zusammenstellung.
Hinterlegungsbeamte der amtsgerichtlichen Hinterlegungsstellen **99**, 1058 ff., 1080 ff.
Hinterlegungserklärung für die amtsgerichtlichen Hinterlegungsstellen **99**, 1061 ff., 1069 f., 1080, 1084, 1085, 1089 (Form. 1091 ff.); desgl. für die K. Bank **99**, 1071 f., 1073, 1116.
Hinterlegungsgebühren der Notare **99**, 784 f. — Erhebung von H. für Hinterlegungen bei den amtsgerichtlichen Hinterlegungsstellen und der K. Bank **99**, 1075 f., 1077 ff.; **00**, 301 ff., 540; desgl. bei den Notaren **99**, 1077 ff.; **00**, 301 ff.
Hinterlegungskassen der amtsgerichtlichen Hinterlegungsstellen **99**, 1058, 1059, 1085.
Hinterlegungsmassen bei den amtsgerichtlichen Hinterlegungsstellen und bei der K. Bank **99**, 1060, 1078, 1081, 1082, 1084 f.; **00**, 304, 305 f.
Hinterlegungsordnung vom 18. Dezember 1899: **99**, 1057 ff. — Vollzug des § 1: **00**, 1167 f.; desgl. des § 8 Abs. 2: **99**, 1121 ff.; desgl. des § 11: **99**, 1080 ff.; desgl. des § 46: **99**, 1115 f., 1116 ff.; **01**, 407 ff.; desgl. des § 54: **99**, 1124 ff.
Hinterlegungsscheine bezüglich Dorftestamente **01**, 22, 23.
Hinterlegungsstellen, amtsgerichtliche **99**, 1058 ff.; s. a. Gebühren — Errichtung von gemeinschaftlichen H. **99**, 1058, 1079 f., 1081; **00**, 1167 f. — Geschäftsführung der amtsgerichtlichen H. **99**, 1080 ff. — bei der K. Bank, Reglement für dieselben **99**, 1124 ff.
Hinterlegungswesen, gerichtliches **99**, 1057 ff., 1074 ff., 1079 f., 1080 ff., 1115 f., 1116 ff., 1121 ff., 1124 ff.; **01**, 1 f., 3, 407 ff., 409 ff., 416 ff.; 423 ff., 459 — s. a. Bank, Hinterlegungsgebühren, Hinterlegungsstellen.
Hinterlegungszeit **00**, 303 ff.
Hochschulen s. Studierende.

Höflichkeitsausdrücke im schriftlichen Verkehr der öffentlichen Stellen und Behörden 01, 365.

Hof, Übertragung der Besorgung des gerichtlichen Hinterlegungswesens für den Bezirk des Amtsgerichts Hof an die K. Bank 99, 1115.

Hüllen s. Aktenhüllen.

Hüttenwerke s. Verwahrung.

Hydrasystem, Vorlage einer Abschrift der Entscheidung, durch die ein Strafverfahren bezüglich des sogenannten H. geschlossen wurde 01, 641 f.

Hydrotechnisches Bureau, Mitteilung gerichtlicher Urteile in Wasserstreitsachen an dasselbe 98, 667 f.

Hypothek behufs Ablösung von Bodenzinsen 98, 93, 84 — Eintragung einer H. für ein Darlehen einer Kreditanstalt 00, 100 — Vormerkung von H. im Wege der Zwangsvollstreckung und der Arrestvollziehung nach dem 1. Januar 1900: 00, 114 f. — s. a. Gesamthypotheken, Inhaberhypotheken.

Hypothekenämter in den Landesteilen rechts des Rheins, Bestimmungen für dieselben bezüglich der Inhaberhypotheken 96, 181 ff. — Geschäftsbehandlung bei denselben 97, 144 — Bestimmungen für dieselben bezüglich der Grundentlastung 98, 96 ff. — Behandlung der Anträge auf Eintragung von Grunddienstbarkeiten in das Hypothekenbuch 99, 166 ff. — Verkehr mit den Notaren 99, 689 ff.; 01, 263 ff. — Vorlage von Notariatsurkunden an die H. 00, 499 ff. — Durchführung des Grundbuch-Anmeldungsverfahrens 01, 492 ff.

— in der Pfalz, Bestimmungen bezüglich der Inhaberhypotheken 96, 185 ff. — Erteilung beschränkter Hypothekenauszüge 96, 308 f., 309 ff.

Hypothekenauszüge, Erteilung beschränkter H. in der Pfalz 96, 307 ff., 309 ff.

Hypothekenbank, Pfälzische, in Ludwigshafen. Anlegung von Mündelgeldern in Wertpapieren derselben 99, 383 f.; 00, 189 f.

Hypothekenbeamte, Unterschreibung der Einträge in das Hypothekenbuch 98, 279 — Bestimmungen bezüglich des Notariatswesens 99, 624 ff.

Hypothekenbestellungen für Vater- und Muttergüter 96, 362 — s. a. Schuldbekenntnisse.

Hypothekenbewahrer in der Pfalz, Gebühren 89, 1 f.; 96, 308, 310 f. — Bestimmungen bezüglich der Eintragung ꝛc. von Inhaberhypotheken 96, 185 ff. — Erteilung von beschränkten Hypothekenauszügen 96, 308 f., 309 ff.

Hypothekenbriefe, bayerische 00, 1055 (Form. 1061 f.) — s. a. Schuld- und Hypothekenbriefe.

Hypothekenbuch s. Hypothekenbücher.

Hypothekenbuchbezirke 98, 650 ff.

Hypothekenbuchsauszüge, Erholung durch die Notariate 01, 263 ff. — s. a. Hypothekenauszüge.

Hypothekenbücher, Einsichtnahme durch Gerichtsvollzieher 96, 118; desgl. durch Notare 99, 624 ff., 666, 691 f., 763, 765, 783; 01, 264; desgl. durch Notariatsgehilfen 99, 625, 692; 01, 176 f. — Bestimmungen bezüglich der Inhaberhypotheken 96, 181 ff.; in der Pfalz 96, 185 ff. — Eintragung neu erworbener Grundgefälle 98, 82 — Einträge in das H. nach Art. 22 des Grundentlastungsgesetzes vom 2. Februar 1898: 98, 82, 94 — Löschung und Übertragung des Eintrags eines Grundstücks im H. 98, 227 f. — Eintragung der bisher folienfreien Grundstücke in das H. 98, 251 f., 256 ff. — Erklärung des H. zum Grundbuche 98, 262 f. — Form der Eintragungen in das H. 98, 279 f. — Einrichtung 98, 651 ff. — Eintragung von Grunddienstbarkeiten in das H. der Landesteile rechts des Rheins 99, 165 ff. — Erholung von Aufschlüssen über den Inhalt des H. durch die Notariate 01, 263 ff.

Hypothekenforderungen, Anlegung von Mündelgeldern in H. 00, 190.

Hypothekenprotokolle, Eintrag von Beschlüssen in die H. 97, 143 f.

Hypothekensachen, Zustellungen von Amtswegen in H. 99, 492; 00, 591, 592 f. — Gebühren 00, 346 f.

Hypotheken- und Wechselbank, Bayerische, in München, Anlegung von Mündelgeld in Pfandbriefen derselben 99, 383 f.; 00, 189 f.

Hypothekenverkehr in den Landesteilen rechts des Rheins, Statistik 96, 362; für 1895: 96, 170 f.; für 1896 und 1897: 98, 132 ff.

Hypothekenwesen in den rechtsrheinischen Landesteilen, Formulare zu den Sach- und Personenregistern 97, 15 — s. a. Vereinigung.

J.

Jahresabonnement auf das Deutsche Fahndungsblatt 99, 90 f., 93.

Jahresberichte der Strafanstalten und Arbeitshäuser **98**, 106.
Japan, Auslieferungsverkehr hiemit **98**, 6 — Rechtshilfeverkehr **00**, 1153.
Identitäts-Feststellung bezüglich Beteiligter bei Notariatsgeschäften **99**, 616 ff., 639, 647, 649; desgl. bezüglich der Geschäftszeugen **99**, 633, 649 — bei der Unterschriftsbeglaubigung durch Notare **99**, 664 — bei Errichtung oder Übernahme von Testamenten durch Notare **99**, 672, 676.
Inhaber s. Firmeninhaber, Schuldverschreibungen.
Inhaberhypotheken, Bestimmungen hierüber **96**, 181 ff.; in der Pfalz **96**, 185 ff.
Inhaberpapiere, Vollzug des Gesetzes vom 18. März 1896: **96** 113 ff.; desgl. der Art. 19—26: **96**, 181 ff.; desgl. der Art. 27—37: **96**, 185 ff. — s. a. Schuldverschreibungen, Staatsschuldverschreibungen.
Inhaltsverzeichnis zum Bayer. Zentralpolizeiblatt **99**, 15.
Innern s. Staatsministerium des Innern.
Insertionskosten für Bekanntmachungen im Bayerischen Zentralpolizeiblatt **99**, 12.
Inspektion s. Gebühreninspektionen.
Instruktion von Begnadigungsgesuchen **96**, 193 f. — von Gesuchen um Stundung von Geldstrafen **00**, 299 ff. — zum Vollzuge des Reichs-Gerichtskostengesetzes und des Gesetzes über das Gebührenwesen **00**, 343 ff.
Interimsquittungen der gebührenverrechnenden Beamten über Tantiemen **00**, 354 f.
Internationale Bank in Antwerpen **97**, 33.
Internationale Nachlaßbehandlung **00**, 32 ff. — s. a. Verträge.
Invalidenrentenbeträge s. Erbscheine.
Invalidenversicherungsgesetz in Fassung der Bekanntmachung vom 19. Juli 1899, Vollzug des § 5 Abs. 1: **01**, 4 ff.
Invalidenversicherungspflicht der im Justizdienst angestellten Personen **01**, 3 ff.
Inventar s. Nachlaßinventar.
Inventarsfrist zur Errichtung des Nachlaßinventars **00**, 23, 24 (Form. 65 f.).
Inzipienten s. Notariatsinzipienten.
Irrenärzte in Privatirrenanstalten **96**, 38 ff.
Irrenanstalten s. Privatirrenanstalten.
Italien, Mitteilung über Verurteilungen von Italienern **93**, 104; **96**, 273 ff.
Jugendliche Personen, bedingte Begnadigung **96**, 71 f., 72 ff., 88 — s. a. Unterbringung.
Juristische Personen, Anmeldung zum Handelsregister **99**, 821, 832, 835 — Eintragung in das Handelsregister **99**, 856 f., 857, 858, 870; in das Firmenregister **99**, 871 f., 878 f.; in das Nachschlageregister **99**, 887 ff.; in das Börsenregister **99**, 985; in das Schiffsregister **99**, 1001.
Justizbehörden, telephonischer Verkehr bei den J. **96**, 60 f. — Aufnahme von Bekanntmachungen der J. in das Bayerische Zentralpolizeiblatt **99**, 12 ff., — im Auslande zu erledigende Ersuchschreiben der J. **01**, 645 — s. a. Militärjustizbehörden, ferner Auslieferung, Pensions- und Unterstützungsverein.
Justizdienst, Invalidenversicherungspflicht der im niederen J. angestellten Personen **01**, 3 ff. — s. a. Justizstaatsdienst, Militäranwärter, Prüfung, Verzeichnis.
Justizministerialblatt, Veröffentlichung der Namen derjenigen Gemeinden, welche die Ermächtigung zur Erhebung der örtlichen Besitzveränderungsabgabe erhalten haben **98**, 198.
Justizministerium, Bestimmungen bezüglich der Vorbereitung der Schwurgerichts-Sitzungsperioden **79**, 355 ff.; **01**, 44 ff. — Zuständigkeit 2c. in bezug auf bedingte Begnadigung Verurteilter **96**, 75, 79, 80, 82, 83, 84, 87 — Erteilung der Genehmigung zur Ausgabe von Schuldverschreibungen auf den Inhaber **96**, 114 — Anordnungen zum Vollzuge des III. Abschnittes des Gesetzes vom 18. März 1896: **96**, 115 — Behandlung der Begnadigungsgesuche **96**, 193 f. — Wahrnehmung der der Landesregierung im Börsengesetze überwiesenen Befugnisse **96**, 371 f. — Bestellung und Entlassung der Kursmakler **96**, 373 — Berichterstattung bei strafrechtlicher Verfolgung von Deutschen bezw. Schweizern wegen der in der Schweiz bezw. in Deutschland begangenen Verbrechen oder Vergehen an das J. **97**, 245 f. — Bescheidung von Beschwerden gegen Abänderung bezw. Beanstandung von Einsendungen an die Redaktion des Bayerischen Zentralpolizeiblattes **99**, 13 — Vorlage kostenfreier Abschriften von auf die Nahrungsmittel- oder Gesundheitspolizei bezüglichen gerichtlichen Urteilen an das J. **99**, 138 f. — Bestimmungen in bezug auf das Gerichtsvollzieher-

wesen **99**, 518, 519, 520, 521, 524, 525, 525 f., 527, 528, 529, 531, 532, 536, 1135, 1136, 1141, 1142, 1174, 1177, 1187, 1189, 1195, 1196 — Bestimmungen bezüglich des Notariatswesens **99**, 626, 658, 694, 695, 697, 698, 699, 734, 759, 787 — Bestimmungen bezüglich der Führung des Handelsregister **99**, 815, 816, 1009 — Bestimmungen bezüglich des gerichtlichen Hinterlegungswesens **99**, 1058, 1060, 1071, 1079, 1085, 1087, 1088, 1089 — Berichterstattung an das J. beim Tode eines Ausländers **00**, 32, 33 — Zuständigkeit nach der Zuständigkeitsverordnung **00**, 97 f., 98, 99, 100, 101, 102, 103, 104 — Vorlage von Gesuchen um Bewilligung der Befreiung von Ehehindernissen an das J. **00**, 106; desgl. um Befreiung von dem für Annahme an Kindesstatt erforderlichen Alter des Annehmenden **00**, 107; desgl. der Anträge auf Ehelichkeitserklärung **00**, 108; desgl. der Anträge auf Volljährigkeitserklärung **00**, 109 — Bestimmungen bezüglich der Gestattung des mündlichen Verhandelns vor einem Amtsgericht **00**, 115, 116; desgl. bezüglich des Gebührenwesens **00**, 341, 350 — Bestimmungen in bezug auf die Praxis der Bewerber um Anstellung im höheren Justizdienst **01**, 50 ff. — Einreichung der nach Österreich zu sendenden Strafnachrichten beim J. **01**, 300 — Bestimmungen in bezug auf die Disziplin der Notare und Notariatsverweser **01**, 323 ff. — Bestimmungen bezüglich des Kanzleipersonals bei den Notariaten **01**, 342 ff. — Bestimmungen bezüglich des Grundbuch-Anmeldungsverfahrens in den Landesteilen rechts des Rheins **01**, 493, 494 f., 496, 501, 512 — Entschließung desselben bezüglich der Verbringung eines Schüblings bis zum bayerischen Bestimmungsorte durch auswärtige Sicherheitsorgane **01**, 550.

Justizstaatsdienst, Prüfungen und Vorbereitungsdienst für den höheren J. **99**, 179 ff., 194 ff. — Praxis der Bewerber um Anstellung im höheren J. **01**, 49 ff., 54 ff. — s. a. Justizdienst.

Justizverwaltung s. a. Gefängnisse, Vergütung.

K.

Käse s. Butter.

Kalender s. Terminskalender, Volljährigkeitskalender.

Kammern s. Anwaltskammern, Disziplinarkammern, Handelskammern, Notariatskammern, Regierungsfinanzkammern.

Kandidaten zu den Stellen des höheren Militärverwaltungsdienstes s. Regulative.

Kanzleipersonal bei den Justizbehörden, Erlernung der Stenographie seitens des K. **97**, 115 f. — bei den Notariaten, Verrechnung der staatlichen Unterstützungen an dass. **01**, 178 f.; Verhältnisse **01**, 341 ff.

Kanzlisten bei den Justizbehörden Bayerns s. Pensions- und Unterstützungsverein.

Karten s. Bestätigungskarten, Postkarte.

Kasseführung der amtsgerichtlichen Hinterlegungsstellen **99**, 1061, 1080 ff.

Kassen s. Hinterlegungskassen, Kreditkasse, Reichskasse, Sparkassen, Staatskasse.

Kassesturz der amtsgerichtlichen Hinterlegungsstellen **99**, 1086 f., 1088 f.

Kataster s. Grundsteuerkataster.

Katasterauszüge s. Grundsteuerkatasterauszüge.

Katasterumschreibung bei Änderungen im Bestande von Fideikommiß-Grundstücken **01**, 425 f. — aus Anlaß von Todesfällen **01**, 443 ff.

Kaufgeschäfte, Ermächtigung von Handelsmäklern zu K. **00**, 99.

Kaufmann, Anmeldungen zum Handelsregister **99**, 820 ff.

Kautionspflicht der vor Ungarischen Gerichten als Kläger auftretenden Ausländer **96**, 159 f.

Kempten, Übertragung der Besorgung des gerichtlichen Hinterlegungswesens für den Bezirk des Amtsgerichts daselbst an die K. Bank **01**, 459 — s. a. Filialbank.

Kiautschou, Geschäftsverkehr mit dem Gericht dortselbst **99**, 355 f.

Kinder, Unzulässigkeit der Ersatzzustellung von Amtswegen an unerwachsene K. **99**, 486; desgl. im Parteiauftrage **00**, 632 — s. a. uneheliche Kinder.

Kindesstatt, Annahme an K. **00**, 102, 106 f.; Aktenbildung **00**, 92.

Kläger, Verpflichtung der vor Ungarischen Gerichten als Kläger auftretenden Ausländer zur Sicherheitsleistung **96**, 159 f.

Kleidung s. Amtskleidung, Sitzungskleidung.

Kleidungsstücke für Gefangene **98**, 31.

Köpfe der Urkunden für Zustellungen von Amtswegen, Ausfüllung **99**, 481, 490.

Körperliche Sachen s. Bewegliche körperliche Sachen.

Kollektiv=Scontro München, Beaufsichtigung desselben **96**, 372.

Kommandierung, Gebühren der Gendarmeriemannschaft bei K. **99**, 331, 332 f.

Kommanditgesellschaft auf Aktien, Bestimmungen bezüglich der Führung des Handelsregisters **99**, 812, 813, 827 ff., 833, 836, 842 f., 850, 852 f., 853 f., 863 f., 890 ff., 929 — Eintragung in das Gesellschaftsregister **99**, 880 ff. — Anmeldung zum Schiffsregister **99**, 1001.

Kommanditgesellschaften, Bestimmungen bezüglich der Führung des Handelsregisters **99**, 813, 824, 837, 860, 890, 929 — Eintrag in das Gesellschaftsregister **99**, 880 ff.

Kommandobehörde s. Chef.

Kommissäre s. Grundbuchanlegungskommissäre, Regierungskommissäre.

Kommission s. Oberberufungskommission, Prüfungskommissionen, Staatskommission, Staatsschuldentilgungskommission, Zensurkommissionen.

Kommissionskosten der Gerichtsbeamten, Liquidation **00**, 364; **01**, 183 — s. a. Tagegelder und Reisekosten.

Kommunalobligationen s. Schuldbriefe für Gemeindedarlehen.

Konkursakten, Prüfung bei der örtlichen Revision **00**, 378.

Konkursverfahren, Benachrichtigung der Börsen von der Eröffnung und der Beendigung von Konkursen **98**, 265 f., 692 f. — Zustellungen von Amtswegen im K. **99**, 475 f., 476 ff.; **00**, 591 — Eintragung der Eröffnung, Einstellung und Aufhebung des K. in das Handelsregister **99**, 849, 857, 890, 931; desgl. in das Genossenschaftsregister **99**, 943; desgl. in das Vereinsregister **99**, 1030 — s. a. Nachlaßkonkurs.

Konsularbehörden, Nichtanwendung der Grundsätze vom 6. November 1897 auf von K. zu vollstreckende Freiheitsstrafen **98**, 36.

Konsulent für Milchwirtschaft in Bayern, Aufstellung **98**, 230 f.

Kontrasignatur der Ministerialausfertigungen **97**, 51 f.

Konzessionen für Unternehmer von Privatirrenanstalten **96**, 39 ff.

Korporationen, Zustellung von Amtswegen an K. **99**, 480, 482, 483, 485, 488, 511; desgl. im Parteiauftrage **00**, 628, 631, 632; desgl. durch den Postboten **00**, 514 f.

Korporationsrechte des Allgemeinen Unterstützungsvereins **97**, 186.

Korrektionelle Nachhaft, Bestimmungen hierüber **01**, 282 f.

Kostbarkeiten, Übernahme von K. durch Notare **99**, 689 — Hinterlegung bei den amtsgerichtlichen Hinterlegungsstellen **99**, 1058, 1062, 1063 f., 1065, 1081, 1083; bei der K. Bank **99**, 1071 ff. — Verkauf hinterlegter K. von Amtswegen **99**, 1066 f. — Ausantwortung von K. an den dienstantretenden Gerichtsvollzieher **99**, 1144 — Pfändung **00**, 678, 683 — Wegschaffung (Verwahrung) gepfändeter K. **00**, 683, 685, 686.

Kosten, Beitreibung der K. des Strafverfahrens im Falle bedingter Begnadigung Verurteilter **96**, 76 — Unzulässigkeit der Verurteilung der nach Art. 69 des Forstgesetzes als zivilverantwortlich erklärten Personen in die Kosten des Verfahrens **96**, 230 — für Veröffentlichungen im Deutschen Fahndungsblatt **99**, 93 — der Eintragung von Grunddienstbarkeiten in das Hypothekenbuch **99**, 168 f. — der Bereitstellung der Prüfungslokale 2c. anläßlich der Prüfungen für den höheren Justiz- und Verwaltungsdienst **99**, 256 — Bestreitung der Kosten für die Geschäftsräume der Gerichtsvollzieher einschließlich der Beheizung und Beleuchtung aus der Staatskasse **99**, 520 — Vereinnahmung und Verrechnung der gemäß Art IV des Gesetzes, betr. Änderungen des Gerichtsverfassungsgesetzes und der Strafprozeßordnung, vom 17. Mai 1898 in die Reichskasse fließenden Kosten **00**, 537 f. 538 f. — Vergütung von Kosten im Zustellungsverkehr mit Österreich-Ungarn **00**, 1170 — bei Abmarkung von Grundstücken **01**, 97 ff., 130 ff., 169 ff. — für die Einführung des Grundbuchs **01**, 177 — für die Versammlungen der Waisenräte **01**, 183 — Einziehung von K. in Angelegenheiten der freiwilligen Gerichtsbarkeit und in Grundbuchsachen auf Ersuchen der Behörde eines anderen Bundesstaats **01**, 319 f. — s. a. Anschaffungskosten, Gerichtskosten, Insertionskosten, Kommissionskosten, Lagerkosten, Notariatskosten, Prozeßkosten, Reisekosten, Strafvollzugskosten, Verpflegskosten, ferner Rechtshilfe.

Kostenberechnung der Gerichtsvollzieher **99**, 1149, 1151 ff., 1164.

Kostenbeträge, Erhebung und zwangsweise Beitreibung gerichtlicher K. durch den Gerichtsvollzieher **99**, 521.

Kostenrechnungen der gebührenverrechnenden Beamten **00**, 352 (Form. 431 f., 433 f.).
Kostenverzeichnisse für die zum Vollzug der Bestimmungen über die bedingte Begnadigung erforderlichen Druckformulare **96**, 312 — im Gebührenwesen **00**, 366 f., 350, 364, 365, 368, 378 (Formulare 413 ff., 429 f.); Beispiele 417 ff.
Kostenvorschüsse, Erhebung durch Gerichtsvollzieher **99**, 1152 ff., 1166, 1169, 1170, 1180, 1182, 1183, 1185, 1188, 1190 — Portopflicht der Parteien bei Einsendung von K. durch Vermittelung gemeindlicher Behörden **00**, 349.
Kostenwesen der Gerichtsvollzieher **99**, 1151 ff., 1164 f., 1166 ff., 1178, 1183 ff., 1190 f. — in gerichtlichen Strafsachen **00**, 1224 f.
Kostordnung für Privatirrenanstalten **96**, 39, 40.
Kranke s. Geisteskranke.
Krankengeschichte für Pfleglinge in Privatirrenanstalten **96**, 39.
Krankheit s. Erkrankungen.
Kreditanstalten, Anlegung von Mündelgeld in Wertpapieren der Bayerischen K. **99**, 383 f.; **00**, 189 f. — Eintragung einer Hypothek für ein Darlehen einer K. **00**, 100.
Kreditbanken s. Bodenkreditbank.
Kreditkasse, ältere gräflich Castell'sche K. in Castell, Anlegung von Mündelgeld in ders. **00**, 113, 190.
Kreisamtsblätter, Veröffentlichung der Genehmigung von Namensänderungen im K. für die Pfalz **97**, 80 — Ausschreibungen der Vormundschaftsgerichte über Entmündigungen in den K. **00**, 1226.
Kreismedizinalräte, periodische Besichtigung von Privatirrenanstalten **96**, 40.
Kündigung des Dienstverhältnisses von Notariatsgehilfen **01**, 345 f.
Kürzung der Gebührenanteile der Gerichtsvollzieher **99**, 527 — an der Soll- oder wirklichen Einnahme an Gebühren rc. infolge von Minderungen **00**, 382.
Kurrentverzeichnis für Pflegschaften, Unterlassung der Weiterführung seit 1. Januar 1900: **00**, 215.
Kursmakler, Bestellung, Beeidigung und Entlassung **96**, 373.
Kurswert von Wertpapieren, Berechnung der Hinterlegungsgebühr nach dem K. **00**, 305.

L.

Ladung, Zustellung der L. in Angelegenheiten der freiwilligen Gerichtsbarkeit **99**, 494 — Zustellung der Ladung zur Hauptverhandlung in Strafsachen an Gefangene **99**, 496 — zur Entsiegelung **00**, 5 — zur Eröffnung einer Verfügung von Todeswegen durch das Nachlaßgericht **00**, 13 (Form. 47) — des Erben zur Leistung des im § 2006 B.G.B. bestimmten Offenbarungseides **00**, 26 (Form. 71) — des Nachlaßgläubigers zum Termin über den Offenbarungseid **00**, 26 (Form. 73) — der Beteiligten zum Termin im Auseinandersetzungsverfahren **00**, 27 (Form. 75) — des Vormunds, Gegenvormunds oder Pflegers zur Verpflichtung **00**, 183, 185 (Form. 217); desgl. des Gegenvormunds **00**, 185 — der außerehelichen Mutter zur Verhandlung mit dem außerehelichen Vater **00**, 185 (Form. 225) — des unehelichen Vaters **00**, 186 (Form. 233) — des Volljährigen zur Verhandlung über die Schlußrechnung **00**, 197 f. (Form. 261) — des Vormunds, Gegenvormunds, Pflegers oder Beistands zur Verhandlung über die Schlußrechnung **00**, 197 f. (Form. 263) — der Mutter zur Verpflichtung des Beistands **00**, 201 (Form. 273) — der Beteiligten zu Abmarkungsgeschäften **01**, 110 ff. — zur Abmarkung **01**, 110 f. (Form. 140) — s. a. Zeugenladung.
Ladungsverzeichnis zum Abmarkungstermin **01**, 111 f. (Form. 141 ff.).
Lagerkosten für Verwahrung und Beaufsichtigung der vom Gerichtsvollzieher in Zwangsvollstreckungssachen in eine vom Staat eingerichtete Pfandkammer eingeschafften oder sonst zu Gerichtshanden gebrachten Gegenstände **99**, 536.
Landesgesetze, Übersicht der wegen Vergehen gegen L. rechtskräftig abgeurteilten Personen **00**, 1280 (Form. 1377).
Landesregierung, Wahrnehmung der dieser im Börsengesetze überwiesenen Befugnisse **96**, 371 f.
Landesversicherungsamt, Herausgabe eines Hauptregisters zu den Mitteilungen des k. L. **98**, 70.
Landesverweisungen, Veröffentlichung im Bayerischen Zentralpolizeiblatt **99**, 15.
Landgerichte, Zustellungen von Amtswegen im Strafverfahren vor den L. **99**, 495 ff. — Prüfungskommissionen für das Gerichtsvollzieheramt bei L. **99**, 519 f. — Gleichstellung mit den Distriktsverwaltungsbehörden im Sinne des Art. 199

des Gesetzes über das Gebührenwesen 00, 336 — rechnerische Behandlung der bei den L. anfallenden Gebühren, Geldstrafen, Auslagen und durchlaufenden Geldern 00, 340 f. — Entscheidung über Beschwerden in Gebührensachen 00, 349 — Geschäftsübersichten 00, 1277 ff. (Form. 1331 ff.) — s. a. Augsburg, Landgericht; Übersicht.

Landgerichtspräsidenten, Obliegenheiten in bezug auf die Vorbereitung der periodischen Sitzungen der Schwurgerichte 79, 357; 01, 45 ff.; desgl. bezüglich des Gerichtsvollzieherdienstes 99, 521, 527, 1133, 1134, 1135, 1136, 1137, 1141, 1142, 1185, 1194 f.; desgl. bezüglich des Notariatswesens 99, 592 f., 593, 595, 603, 625, 625 f., 657 f., 694, 694 f., 696 ff., 699, 700, 759; desgl. bezüglich des gerichtlichen Hinterlegungswesens 99, 1058, 1070, 1081, 1086 f., 1087, 1088; desgl. in bezug auf Gesuche um Gestattung des mündlichen Verhandelns vor einem Amtsgericht 00, 115 f.; desgl. in bezug auf die Disziplin der Notare 01, 321 ff.; desgl. in bezug auf das Grundbuch-Anmeldungsverfahren in den Landesteilen rechts des Rheins 01, 493, 494, 495, 496, 501, 502, 511, 512 — Visitation der Amtsgerichte 96, 184; 98, 84; 00, 1003 ff. — Vorlage der Übersicht über das zur Vernichtung bestimmte Aktenmaterial an dies. 97, 53 — Überwachung der Vorschriften bezüglich der Unterschrift der Hypothekenbeamten bei den Einträgen in das Hypothekenbuch 98, 280.

Landshut, Gewerbegericht daselbst 99, 89 f. — Übertragung der Besorgung des gerichtlichen Hinterlegungswesens für den Bezirk des Amtsgerichts daselbst an die K. Bank 99, 1115.

Landstreicher, Strafnachrichten bezüglich L. 96, 280.

Landwirtschaftsbank, Bayerische, öffentliche Beglaubigung der nach Art. 4 Abs. 1 der Novelle zur Subhastationsordnung abzugebenden Erklärungen der L. nicht erforderlich 97, 182 — Anlegung von Mündelgeldern in Wertpapieren der L. 99, 383 f.; 00, 189 f.

Lebensbeschreibungen, Ausstellung seitens der Notariate 99, 600, 605, 647, 653.

Legalisation von Notariatsurkunden 99, 657 f.

Lehranstalten, öffentliche, gerichtliche Bestrafung von Schülern s. Schüler.

Lehrlinge, Nichtaufnahme der Ersuchen um Ermittelung des Aufenthalts entlaufener L. ins Deutsche Fahndungsblatt 99, 95 — Befugnis zum Halten oder zur Anleitung von L. 01, 257 ff., 260 ff. — s. a. Handlungslehrlinge.

Leichen, Veröffentlichung der Beschreibung aufgefundener unbekannter L. im Bayerischen Zentralpolizeiblatt 99, 14 — Verfahren und Zuständigkeit bei Auffindung von L. 00, 581 f.

Leistung, Zwangsvollstreckung bei Zug um Zug-Leistung 00, 657 f., 663, 763 — des Schuldners an den Gerichtsvollzieher 00, 666, 670, 726; s. a. 99, 1150 — einer bestimmten Quantität vertretbarer Sachen oder von Wertpapieren durch den Schuldner 00, 719 f., 721 — s. a. Sicherheitsleistung, Teilleistung, ferner Angebot.

Lektüre der Strafgefangenen 98, 32.

Leserlichkeit der Zustellungsurkunde des Gerichtsdieners 99, 488 — der Notariatsurkunden 99, 641 ff. — der Unterschriften in amtlichen Schriftstücken 01, 368.

Letztwillige Verfügungen, Beurkundung und Eröffnung 99, 672 ff.; 00, 11 ff.; 01, 381 f. — Einsicht durch das Rentamt 00, 472 — Mitteilung bezüglich solcher an das Rentamt 00, 1168 — Erhebung der Gebühren für von den Notaren vorgenommene Eröffnung von Verfügungen von Todeswegen 00, 1256 f.

Lieferungen s. Abschlagslieferungen.

Liegenschaftsgeschäfte, Beurkundung durch Notare 99, 689 ff.

Liegenschaftsrecht in der Pfalz 98, 295 ff.

Liquidation, Benachrichtigung der Börsen von dem Eintritte von L. 98, 265 f., 692 f. — über die den Gerichtsbeamten gebührenden Kommissionskosten 00, 364 — der Tagegelder und Reisekosten der Vormundschaftsrichter für Teilnahme an den nicht am Gerichtssitze stattfindenden Waisenratsversammlungen 01, 183 — der Tagegelder und Reisekosten der zu auswärtigen Dienstgeschäften von dem Notariatsverweser zugezogenen Protokollführer 01, 206 f. — der Tagegelder und Reisekosten der Notare bei auswärtigen Dienstgeschäften in Armensachen 01, 207 f.

Liste der bayerischen Rechtsanwälte 01, 230 ff. — s. a. Genossen, Abgangsliste, Gesamtliste, Strafliste, Vormerkungsliste, Waisenlisten, Zugangsliste.

Löschung von Inhaberhypotheken 96, 183; in der Pfalz 96, 187 f. — von

Hypotheken für Vater- und Muttergüter 96, 362 — des Eintrags eines Grundstücks im Hypothekenbuche 98, 227 f. — Gebühr für L. einer Umschreibung einer auf den Inhaber lautenden Staatsschuldverschreibung auf den Namen des Berechtigten 99, 455, 456 ff. — von Einträgen in dem Handelsregister 99, 811 f., 812, 850 ff., 869, 871, 931 f., 987 f., 990, 1004, 1005, 1007 f., 1012, 1025 f., 1035 — eines Eintrags im Volljährigkeitskalender 00, 213.

Lokal s. Geschäftslokal, Pfandlokal, Prüfungslokale.

Lose, Vertrieb durch ausländische Firmen 97, 33, 134; 98, 120 f.; 00, 1260.

Lotterieschwindel 97, 33, 134; 98, 120 f.

Ludwigshafen, Übertragung der Besorgung des gerichtlichen Hinterlegungswesens für den Bezirk des Amtsgerichts dortselbst an die K. Bank 99, 1115.

Lücken in Zustellungsurkunden des Gerichtsdieners 99, 488.

Mäkler s. Handelsmäkler, Kursmakler.

Mängel in Zustellungsurkunden des Gerichtsdieners 99, 489 — in Postzustellungsurkunden 99, 490.

Magistrate, Beschlußfassung über Einführung der örtlichen Besitzveränderungsabgabe 98, 196.

Mahnbriefe, Abfassung durch Gerichtsvollzieher 99, 521, 536, 1186, 1192.

Mahnregister, gerichtliche, Vermerk der Gebührenregisternummern in dens. 00, 351.

Mahnschreiben im amtlichen Verkehr 01, 368.

Mahnung an säumige Gebührenschuldner 00, 352.

Margarine, Vollzug und Ausführung des Gesetzes vom 15. Juni 1897 hierüber 97, 259 f. — Probeentnahme 98, 129.

Marinebehörden, Nichtanwendung der Grundsätze vom 6. November 1897 auf von den Marinebehörden zu vollstreckende Freiheitsstrafen 98, 36.

Marinegerichte im Auslande, Geschäftsverkehr hiemit 99, 355 f.

Marken s. Gebührenmarken.

Marschkosten - Entschädigung bei Dienstreisen der Gendarmeriemannschaft außerhalb ihres Dienstbezirks 99, 333.

Maschinen s. Schreibmaschinen.

Massen s. Hinterlegungsmassen.

Maß- und Gewichtsordnung vom 17. August 1868, Anwendung der Benennungen derselben in öffentlichen Urkunden 96, 394.

Medaillen, geldmünzenähnliche, Behandlung 99, 100 f., 101 f.

Mehrungen an Gebühren und sonstigen Geldern im Gebührenwesen 00, 380 ff.

Meldung, telegraphische oder telephonische M von dem Erscheinen von Zigeunern an die K. Polizeidirektion München 99, 105 — zur Zwischenprüfung und ersten Prüfung für den höheren Justiz- und Verwaltungsdienst 99, 204 ff.; desgl. zur zweiten Prüfung 99, 241 ff.

Messungsbehörden, Abmarkungsgeschäfte 01, 101 ff.

Mieter, Unzulässigkeit der Ersatzzustellung von Amtswegen an M. 99, 486; desgl. im Parteiauftrage 00, 632.

Milchwirtschaft in Bayern, Aufstellung eines Konsulenten hiefür 98, 230 f.

Militäranwärter, Zulassung zum Vorbereitungsdienste für das Gerichtsvollzieheramt 99, 1134 — Verzeichnis der den M. im bayerischen Justizdienste vorbehaltenen Stellen 00, 979 f.

Militärbeamte, Pfändung des Diensteinkommens 2c. 98, 157 ff., 593 ff. — s. a. Militärfiskus.

Militärbehörde, Mitteilung über strafgerichtliche Untersuchungen und Aburteilungen an die M. 96, 58, 227 f. — Mitwirkung bei Überführung von Militärpersonen an Zivilgerichtsbehörden 97, 229 f. — Nichtanwendung der Grundsätze vom 6. November 1897 auf die von den M. zu vollstreckenden Freiheitsstrafen 98, 36 — Anwendung der Bestimmungen über die Vereinfachung des dienstlichen Verkehrs im Verkehr zwischen M. und Zivilbehörden sowie zwischen M. und Privatpersonen 01, 378 — s. a. Nachweisung.

Militärfiskus, Vertretung des M. als Drittschuldners bei Pfändung von Diensteinkommen und Pensionen der Offiziere, Militär-Ärzte und -Beamten 98, 157 ff., 593 ff.; Nachweisung für Bayern 98, 158 ff.; für Preußen 98, 163 ff.; für Sachsen 99, 131 ff.; für Württemberg 98, 601 ff.

Militärgerichtliche Strafsachen, Zustellungen von Amtswegen 99, 499.

Militärische Hilfe bei Widerstand gegen die Zwangsvollstreckung 00, 667.

Militärjustizbehörden, Veröffentlichung der Bekanntmachungen der M. im Bayerischen Zentralpolizeiblatt 99, 15.

Militärpersonen, Strafvollzug gegen M. 91, 31 ff.; 96, 227; 00, 1167 ff., 1169 ff.; 01, 592 f. — Überführung an Zivilgerichtsbehörden 97, 229 f. — Anwendung der Bestimmungen über die

Vereinfachung des dienstlichen Verkehrs im Verkehr zwischen Zivilbehörden und M. **01**, 378 — s. a. Militärfiskus, Nachweisung.

Militärpflichtige, Nichtaufnahme der Ersuchen um Ermittelung des Aufenthalts ausgetretener M. in das deutsche Fahndungsblatt **99**, 95.

Militäruntergerichte, Vollzug der von den M. rechtskräftig erkannten Strafen **99**, 15.

Militärverwaltungsdienst, Bedingungen des Übertritts von Rechtspraktikanten in den höheren M. **96**, 1 f.

Minderjährige, Anordnung einer Vormundschaft über M. **00**, 181 f. — Anzeige des Anstaltsvormunds über die Aufnahme eines M. in die Anstalt **00**, 196.

Minderungen an Gebühren und sonstigen Geldern im Gebührenwesen **00**, 380 ff.

Mindestbetrag einer Gebühr **00**, 347; insbes. in Vormundschaftssachen **00**, 543 — einer Schreibgebühr **00**, 347 f.

Ministerialausfertigungen, Gegenzeichnung **97**, 51 f.

Ministerien s. Finanzministerien, Justizministerium, Staatsministerium, Zivilstaatsministerien.

Mitglieder des allgemeinen Unterstützungsvereins für Hinterbliebene der K. B. Staatsdiener und der hiemit verbundenen Töchterkasse s. Unterstützungsverein — s. a. Ehrenmitglieder.

Mitteilung der Ergebnisse von Strafverfahren **90**, 53 f.; **97**, 259 f.; **01**, 460 f. (Formulare 462 ff.) — von Urteilen in Angelegenheiten des Zeichenschutzes und des Schutzes von Geschmacksmustern an das Kaiserliche Patentamt **94**, 210 f. — über strafgerichtliche Untersuchungen und Aburteilungen an die Ersatz- und Militärbehörden **96**, 58, 227 f. — telephonische, seitens der Staatsanwälte **96**, 60 f. — beim Aufgebot bayerischer Staatsschuldverschreibungen auf den Inhaber an die Staatsschuldentilgungs-Kommission **96**, 114 — wechselseitige, von Strafurteilen **96**, 273 ff., 279 ff., 333; **98**, 23, 24 — über strafgerichtliche Untersuchungen 2c. gegen Militärpersonen **96**, 227 f. — bezüglich der Genehmigung von Namensänderungen **97**, 82; in der Pfalz 80 f. — über gerichtliche Bestrafungen von Studierenden der Hochschulen und Schülern anderer öffentlicher Lehranstalten **97**, 230 — über strafgerichtliche Verurteilungen von Ausländern (Niederländern) **98**, 172; (Österreichern) **01**, 300 f. — gerichtlicher Urteile in Wasserstreitsachen an das hydrotechnische Bureau **98**, 667 f. — Veröffentlichung der Mitteilungen über das Auffinden von Effekten im Bayerischen Zentralpolizeiblatt **99**, 14 — über Erledigung von Steckbriefen, Veröffentlichung im Deutschen Fahndungsblatt **99**, 91, 93, 94 — bei Handhabung der Sicherheitspolizei in bezug auf Zigeuner **99**, 105 f. — gerichtlicher Urteile an das Kaiserliche Gesundheitsamt **99**, 138 f. — der Zensurergebnisse bei der zweiten Prüfung für den höheren Justiz- und Verwaltungsdienst **99**, 254 f. — abschriftliche M. der richterlichen Verfügung bezüglich der Erteilung der Erlaubnis zur Vornahme einer Zustellung von Amtswegen zur Nachtzeit sowie an Sonn- und allgemeinen Feiertagen **99**, 487 — an Beteiligte in Angelegenheiten der freiwilligen Gerichtsbarkeit **99**, 495 — einfache, im Strafverfahren **99**, 497 — Besorgung schriftlicher und mündlicher Mitteilungen durch Gerichtsvollzieher **99**, 521, 1150, 1157, 1174 — der Registergerichte **99**, 818, 802 ff., 842, 856, 869, 894 f., 990, 1027 — bezüglich des gerichtlichen Hinterlegungswesens **99**, 1060, 1063, 1065, 1066, 1067, 1086, 1087, 1088, 1117 — in bezug auf das Gerichtsvollzieherwesen **99**, 1135, 1136 — bezüglich des Nachlaßwesens **00**, 9, 12, 13, 14, 15, 16, 17, 19, 24, 26, 27, 31, 34, 37, 1168 f. — bezüglich des Vormundschaftswesens **00**, 183, 186, 196, 200, 201, 205, 207, 208 — der Anerkennung der Vaterschaft zu einem außerehelichen Kinde an das Standesamt **00**, 186 (Form. 237) — über die Zeit der Rechnungslegung **00**, 195 (Form. 241) — über die Einreichung der Vermögensübersicht **00**, 195 (Form. 243) — an einen vermögenslosen Mündel von Beendigung der Vormundschaft **00**, 199 (Form. 267) — an das unter Beistandschaft gestandene Kind über seinen Vermögensstand **00**, 203 — der Verfügung der Anlegung von Vormundschaftsakten **00**, 208 (Form. 283) — im Gebührenwesen **00**, 338, 352, 363, 368, 375, 379, 383 — an das Rentamt gemäß Art. 31 des Erbschaftssteuergesetzes **00**, 469, 471 f. (Form. 479) — der Staatsanwaltschaften zum Vollzuge des § 81 des H.G.B. und der §§ 126, 126a der Gewerbeordnung **01**, 257 ff. — in bezug auf Disziplin der Notare **01**, 321 ff. — über strafrechtliche Verurteilung eines Notariatsgehilfen, eines Inzipienten oder einer im Notariate beschäftigten Hilfsperson 01, 351 — im amtlichen Verkehr 01, 367 — des Nachlaßgerichts an das Rentamt über Erteilung, Einziehung oder Kraftloserklärung eines Erbscheins oder Ausstellung des Zeugnisses über Fortsetzung der Gütergemeinschaft zum Zwecke der Katasterumschreibung 01, 447 (Form. 452) — der Ergebnisse von Strafverfahren an die K. Untersuchungsanstalten für Nahrungs- und Genußmittel 01, 460 f. — an Behörden im Grundbuch-Anmeldungsverfahren in den Landesteilen rechts des Rheins 01, 500 f. (Form. 521) — an die Finanzbehörden über strafgerichtliche Untersuchungen gegen Beamte und öffentliche Diener 01, 551 — s. a. Benachrichtigungen, Hauptregister, Oberberufungskommission.

Mittelstellen im Sinne des Art. 200 des Gesetzes über das Gebührenwesen 00, 337.

Mittelwerte ausländischer Wertpapiere nach der Hinterlegungsordnung 99, 1083

Modelle, Eintragung in das Musterregister rc. 99, 973 ff., 981, 981 ff. — Berechnung der Gebühren für Eintragung und Niederlegung von M. 00, 613 f. — Vollzug des Reichsgesetzes vom 11. Januar 1876 über das Urheberrecht an Mustern und M. 00, 1134.

München, Amtsgericht I: Übertragung der Besorgung des gerichtlichen Hinterlegungswesens für den Bezirk desselben an die K. Bank 99, 1115 f. — Zuständigkeit für das Aufgebotsverfahren zum Zwecke der Todeserklärung eines bayerischen Staatsangehörigen, der einen Wohnsitz im Deutschen Reich nicht gehabt hat 00, 582 — Geschäftsverteilung bei demselben 00, 1173 f. —
— Amtsgericht II: Übertragung der Besorgung des gerichtlichen Hinterlegungswesens für den Bezirk desselben an die K. Bank 99, 1115 f.
— Untersuchungsanstalt für Nahrungs- und Genußmittel daselbst 97, 1 f. — Standesamtsbezirke daselbst 01, 6 f. — s. a. Börsen.

Münchener Grundbuch 98, 252.

Mündel, Vormundschaft über M. 00, 181 ff.

Mündelgelder, Anlage 99, 383 f.; 00, 103, 113 f., 189 f.

Mündliche Anmeldungen und Erklärungen im Grundbuch-Anmeldungsverfahren in den Landesteilen rechts des Rheins 01, 502 f.

Mündliche Verhandlungen s. Gestattung.

Mündlicher Teil der ersten Prüfung für den höheren Justiz- und Verwaltungsdienst 99, 217 ff.; desgl. der Prüfung für das Gerichtsvollzieheramt 99, 1139.

Mündlicher Verkehr in amtlichen Angelegenheiten 01, 369.

Münzen s. Denkmünzen, Nickelmünzen, Reichsmünzen.

Mütze s. Dienstmütze.

Muster, Eintragung in das Musterregister rc. 99, 973 ff., 981, 981 ff. — für das Vereinsregister und das Güterrechtsregister 99, 1048 ff. — Berechnung der Gebühren für Eintragung und Niederlegung von M. 00, 613 f. — Vollzug des Reichsgesetzes vom 11. Januar 1876 über das Urheberrecht an Mustern und Modellen 00, 1134 — zu Dorftestamenten 01, 32 ff. — s. a. Gebühren.

Musterregister, Führung 99, 907, 973 ff., 981, 981 f., 982 ff. (Form. 979).

Muttergüter, Hypothekbestellung hiefür 96, 362.

N.

Nachbarn, mündliche Mitteilung über die Niederlegung eines Schriftstücks behufs Zustellung von Amtswegen 99, 484; desgl. behufs Zustellung im Parteiauftrage 00, 630, 634.

Nachbildung, Schutz der Photographien gegen unbefugte N. 01, 535.

Nacherbfolge, Bestimmungen hierüber 00, 18, 20.

Nachforderung von Gerichtskosten 00, 386 f. — s. a. Nachholung.

Nachhaft, korrektionelle, Festsetzung und Vollziehung 01, 282 f.

Nachholung von örtlichen Besitzveränderungsabgaben 98, 202 — von Gebühren und Auslagen im Gebührenwesen 00, 380 ff. — s. a. Nachforderung.

Nachholungsregister der rechnungsführenden Gerichtsschreiber bezüglich Gebühren und Auslagen der Gerichtsvollzieher 00, 381.

Nachlässe an Bodenzins- und Kapitalsbeträgen zur Ablösungskasse 98, 94 — an der örtlichen Besitzveränderungsabgabe 98, 196, 200, 201 — an Gebühren und Auslagen der Gerichtsvollziehergebühren 00, 376.

Nachlaß, Zwangsvollstreckung in den N. des Schuldners 00, 660, 661 — s. a. Auseinandersetzung, internationale Nachlaßbehandlung, Nachlaßwesen, Neu-Süd-Wales, Sicherung Statistik.

Nachlaßakten 00, 36 ff., 18, 208 f., 213 f., 472 f.
Nachlaßgericht, Vornahme von Geschäften durch die Notare im Auftrage des N. 99, 688, s. a. 678, 679, 680 — Bestimmungen für das N. bezüglich des gerichtlichen Hinterlegungswesens 99, 1060, 1071, 1086; desgl. bezüglich des Nachlaßwesens 00, 1 ff.; desgl. bezüglich des Vollzugs des Erbschaftssteuergesetzes 00, 467 ff.; bezüglich der Katasterumschreibung aus Anlaß von Todesfällen 01, 447 f. — Formulare für die Geschäftsbehandlung bei dem N. 00, 35 ff.
Nachlaßgläubiger, öffentliche Aufforderung 00, 21 ff. — s. a. Ladung.
Nachlaßinventar 00, 23 ff., 27.
Nachlaßkonkurs 00, 23.
Nachlaßpflegschaft 00, 9 f., 3, 208.
Nachlaßrichter, Verrichtungen 00, 34 f., 35 ff. — Führung der Tabellen für Nachlaß- und Teilungssachen 00, 487.
Nachlaßverwalter 00, 21 ff. — s. a. Bestallung.
Nachlaßverwaltung 00, 21 ff.
Nachlaßverzeichnis, Aufnahme 00, 3, 5, 6, 8, 9 f., 27 — zu den Akten über die Nachlaß- und Teilungssachen 00, 38 (Form. 85 f.).
Nachlaßwesen, Ausführung der gesetzlichen Vorschriften hierüber 00, 1 ff., 1132 f.; 01, 387 ff. — Tabelle zur Statistik für Nachlaßsachen 00, 486 ff. (Form. 497 f.) — Portofreiheit bezw. Portopflicht der Zustellungen von Amtswegen in Nachlaßsachen 00, 591, 592 — s. a. Internationale Nachlaßbehandlung.
Nachnahmesendungen, Ausschluß von der postamtlichen Zustellung 00, 504.
Nachpfändung durch den Gerichtsvollzieher s. Anschlußpfändung.
Nachrichten s. Steckbriefnachrichten, Strafnachrichten.
Nachrichtendienst für Sicherheitspolizei in bezug auf Zigeuner 99, 105 f.
Nachschlaggebühren der Hypothekenbewahrer 96, 308, 310 f.
Nachschlagregister, Eintragung in das N. zum Handelsregister 99, 817 (Form. 923 f.) — alphabetisches, der Gerichtsvollzieher für Vollstreckungen 99, 1159 f., 1170 f. (Form. 1209 f.).
Nachsendung von Schreiben mit Postzustellungsurkunde 99, 489; 00, 520, 639.
Nachträge zu den Gebührenregistern 00, 380 f.
Nachtzeit, Vornahme von Zustellungen und Vollstreckungshandlungen zur N. s. Erlaubnis.
Nachverhaftung im Zwangsvollstreckungsverfahren 00, 727.
Nachweisung der zur Führung der Strafregister bestimmten Behörden 96, 275 — über die Bewegung im Hypothekenverkehr in den Landesteilen rechts des Rheins 96, 362; insbesondere für 1895: 96, 170 f.; für 1896 u. 1897: 98, 132 ff. — derjenigen Militär-Behörden und -Personen, welche bei Pfändung von Diensteinkommen und Pensionen den Militärfiskus vertreten und zwar in Bayern 98, 157 f., 158 ff.; in Preußen 98, 163 ff.; in Sachsen 99, 131 ff.; in Württemberg 98, 601 ff. — des Aufwands für Notariate 01, 179 ff. (Form. 197 ff.) — des Aufwands an sachlichen Ausgaben der Gerichte und Staatsanwaltschaften, dann in Strafsachen, an sächlichen Ausgaben für Einführung des B.G.B. und der Nebengesetze, an übrigen Ausgaben auf die Justizverwaltung und die Strafrechtspflege und endlich der Kosten für die Versammlungen der Waisenräte 01, 183 f. (Form. 201 ff.) — über die Beschäftigung der Gefangenen in den Strafanstalten und Arbeitshäusern s. Uebersicht.
Nahrungs- und Genußmittel, Mitteilung der auf die Nahrungsmittelpolizei bezüglichen gerichtlichen Urteile an das Kaiserliche Gesundheitsamt 99, 138 f. — s. a. Untersuchungsanstalten, Farben.
Namen, der gesuchten Personen bei Steckbriefen und Bekanntmachungen im Deutschen Fahndungsblatt 99, 92 — Unterstreichung der N. der Mündel, Pfleglinge oder Kinder, bezüglich deren die Vormundschaft, Pflegschaft oder Beistandschaft beendigt ist, im Vormerkungsbogen 00, 211 — Vortrag im Volljährigkeitskalender 00, 212 f. — Eintragung der N. der volljährigen Mündel und Pfleglinge in ein besonderes Verzeichnis 00, 213 — Angabe des N. von Einzelbeamten, die eine Behörde vertreten, in der Adresse amtlicher Schreiben 01, 366 — Aufnahme der N. der anteilsberechtigten Abkömmlinge in das Zeugnis über die Fortsetzung der Gütergemeinschaft 01, 387 f. — s. a. Adelige Namen, Familiennamen, Ortsnamen, Vornamen, ferner Umschreibung.
Namensänderungen, Bestimmungen hierüber 97, 82 f.; 99, 1295 f., 1298 f.; 00, 97 f., 853 ff.; in der Pfalz 97, 80 f.
Namensänderungsgesuche 00, 856 ff.
Namensunterschrift der Beamten im amtlichen Verkehr 00, 368.

Namensverzeichnis, alphabetisches, zum Geschäftsregister der Notariate 99, 603 f. (Form. 705 f.) — zum Testamentsregister der Notariate 99, 606, 611 — alphabetisches, zum Nachlaßverzeichnis 00, 38 (Form. 87) — zum Register der Angelegenheiten der freiwilligen Gerichtsbarkeit 00, 92 — zum Vormundschaftsverzeichnisse 00, 209 (Form. 287).
Nebenamt s. Amtsgerichtsdiener.
Nebengeschäfte, Übernahme durch Gerichtsvollzieher 99, 522 — der Notariate 99, 601, 604, 613 — Notariatsgebühr für N. der Notare 99, 778 f. — der Notariatsgehilfen 01, 344.
Nebengesetze zum Bürgerlichen Gesetzbuche, Ausführung 00, 97 ff.
Nebenrechnung über die Tantiemen der gebührenverrechnenden Beamten 01, 175 (Form. 193 ff.).
Nebenregister, standesamtliche, Aufbewahrung in der Pfalz 99, 1310; Führung 00, 870 ff.
Nennwert hinterlegter Wertpapiere 00, 305.
Neu-Süd-Wales, Inhalt der Vollmachten für die Regelung von Nachlässen dortselbst 00, 1225.
Nichtstreitige Rechtspflege s. Freiwillige Gerichtsbarkeit.
Nickelmünzen, Einziehung abgenutzter N. 99, 34.
Niederlande, Erwirkung von Auslieferungen 96, 194 f.; 99, 365 ff., 404 f. — Auslieferungsverkehr hiemit 98, 2, 3 ff. — Mitteilung von Strafnachrichten dorthin 98, 172.
Niederlassung s. Handelsniederlassungen, Hauptniederlassungen, Zweigniederlassungen.
Niederlegung, Ersatzzustellung von Amtswegen durch N. 99, 483 ff., 485 f., 487; desgl. im Parteiauftrage 00, 628 ff., 631, 632 — von Schriftstücken im Zustellungsverfahren 00, 110 ff., 516 ff. — von Mustern und Modellen 99, 974 f., 977, 981; 00, 613 f., 1134.
Notare, Bestimmungen bezüglich der Grundentlastung 98, 82, 83, 84, 91 f. — Benützung reiner Güterzüge 98, 119 f. — Bestimmungen hinsichtlich der örtlichen Besitzveränderungsabgabe 98, 198, 199 ff. — Bestimmungen bezüglich der Eintragung von Grunddienstbarkeiten in das Hypothekenbuch der Landesteile rechts des Rheins 99, 165 ff. Ersatzzustellung von Amtswegen an N. 99, 485, 488, 513; desgl. im Parteiauftrage 00, 631, 632 — Bewirkung von Zustellungen durch den N. als Versteigerungsbeamten 99, 492; 00, 592 — Beiziehung eines zweiten N. bei Errichtung von Notariatsurkunden 99, 629, 630, 631, 633 f., 651, 677, 699, 780 — Verkehr zwischen den Hypothekenämtern und den N. 99, 689 ff.; 01, 263 ff. — Gebühren für Hinterlegung bei den N. 99, 1077 ff. — Gebührenbewertung durch N. 00, 355 ff., 349 ff., 336, 339, 340, 378 — Obliegenheiten rc. in Nachlaßsachen 00, 7, 9, 11 f., 12, 23, 24, 31; desgl. in Vormundschaftssachen 00, 186, 188, 203 — Vorschriften bezüglich des Vollzugs des Erbschaftssteuergesetzes 00, 467 ff. — postamtliche Zustellung von Schreiben mit Zustellungsurkunde an N. 00, 513 — Handhabung der Dienstaufsicht über die N. durch die äußeren Dienstaufsichtsbehörden 00, 997 ff. — Gebühren der N. in Grundbuchsachen 00, 1043 ff. — Gebühr für Hinausgabe von Urschriften aufgehobener Erbverträge 01, 210 — Vollzug der gesetzlichen Bestimmungen über die Disziplin der N. 01, 321 ff. — Ersuchschreiben der N. um Bewirkung von Zustellungen im Auslande 01, 459 f. — — s. a. Übersicht.
Notariate, Zahl und Sitze der N., sowie Besetzung derselben 99, 733 ff. — Amtssiegel 99, 758 f. — Behandlung des Gebührenwesens 00, 349 ff. — Verrechnung der Ausgaben für N. 01, 178 ff. — auf Rechnung des Staats 01, 180 ff., 206 f.; s. a. 00, 351, 461, 463 ff. — Verkehr mit den Hypothekenämtern 01, 263 ff. — Kanzleipersonal bei denselben 01, 341 ff. — s. a. Geschäftsordnung, Pensions- und Unterstützungsverein.
Notariatsakten 99, 593, 594 f., 634 ff.; 00, 336.
Notariatsdisziplinarsachen 01, 321 ff.
Notariatsgebühren, Verrechnung bei den auf Rechnung des Staats geführten Notariaten 00, 461, 463 ff.
Notariatsgebührenordnung 99, 761 ff. — Vollzug des Art. 107 Abs. 2: 00, 1043 ff.
Notariatsgebührenregister 99, 609, 599, 603, 694, 765 (Form. 727 ff.); 00, 351 ff., 371 f. (Form. 391 ff.) — für die auf Rechnung des Staats geführten Notariate 00, 461 (Form. 463 ff.).
Notariatsgehilfen, Verbesserung der Lage der N. 00, 1115 — Invalidenversicherungspflicht 01, 4 — Verhältnisse 01, 341 ff. — s. a. Anzeigen, Pensions- und Unterstützungsverein.

Notariatsgesetz vom 9. Juni 1899, Vollzug des Art. 6: **99**, 733 f.; des Art. 38: **01**, 209 f.; des Art. 63 ff.: **00**, 997 ff.; der Art. 127, 128: **00**, 1117 f.; der Art. 129, 139: **01**, 341 ff.; des Art. 139: **01**, 321 ff.

Notariatsinzipienten, Aufnahme und Beschäftigung **01**, 341, 351.

Notariatskammern, Bildung **00**, 837 ff. — Dienstanweisung **00**, 844 ff. — Personalbestand **00**, 1171 ff.

Notariatskammer-Ordnung **00**, 837 ff.

Notariatskosten **99**, 692 ff.

Notariatsprotokolle, Bestimmungen hierüber **99**, 646 ff., 600, 602, 605, 616 ff., 644 ff., 688, 693.

Notariatsurkunden, Zustellung von Ausfertigungen solcher durch Gerichtsvollzieher **96**, 117 f. — Bestimmungen in bezug auf die Grundentlastung **98**, 82, 83, 84, 91 f. — für den Antrag auf Eintragung von Grunddienstbarkeiten in das Hypothekenbuch **99**, 166 ff. — äußere Form **99**, 634 ff. — gemeinsame Erfordernisse für alle Arten von N. **99**, 644 ff. — Abgabe von Urschriften und Erteilung von Ausfertigungen **99**, 653 ff. — Legalisation **99**, 657 f. — Gestattung der Einsicht und Erteilung von Abschriften **99**, 658 ff. — Zustellung **99**, 661 ff. — Gebühren **00**, 346, 347 — Vorlage von N. an die Hypothekenämter in den Landestheilen rechts des Rheins **00**, 499 f. — s. a. Ausfertigung, Beurkundung.

Notariatsverweser, Bestellung ꝛc. von N. **99**, 696 ff., 733 — das Notariat auf Rechnung des Staats führende N. **99**, 689, 693 — zur ständigen Führung der Geschäfte eines Notariats berufene **99**, 695 f. — Führung des Notariatsgebührenregisters **00**, 461 ff. — rechnerische Behandlung der Ausgaben **01**, 179 ff. — Zuziehung von Gerichtsschreibereibediensteten des Amtsgerichts zum Niederschreiben des Protokolls bei auswärtigen Dienstgeschäften **01**, 206 f. — Disziplin der N. **01**, 321 ff.

Notariatszeugnisse, Aufnahme solcher in das Geschäftsregister **99**, 600, 647, 653.

Noten bei der Zensur der Arbeiten bei der Prüfung für das Gerichtsvollzieheramt **99**, 1140, 1141.

Notizen, Veröffentlichung von N. über Gewohnheits-Vaganten und Schwindler im Bayerischen Zentralpolizeiblatt **99**, 14 — s. a. dieses Schlagwort in den Sachregistern der einzelnen Jahrgänge des Justizministerialblattes.

Notwendige Anmeldung behufs Eintragung in das Handelsregister **99**, 821 ff.

Nürnberg, Übertragung der Besorgung des gerichtlichen Hinterlegungswesens für den Bezirk des Amtsgerichts daselbst an die K. Bank **99**, 1115 — Anlegung von Mündelgeld bei der Vereinsbank in Nürnberg **99**, 383 f., **00**, 189 f. — Errichtung weiterer Handelskammern beim K. Landgericht daselbst **00**, 1201 f.

Nummern, der Ausschreibungen im Bayerischen Zentralpolizeiblatt **99**, 14, 15 — der Requisitionen um Aufnahme in das Beiblatt zum Zentralpolizeiblatt **99**, 15 — der Geschäftsregister der Notariate **99**, 601, 611, 612, 645 f., 646, 674 f. — des Testamentsregisters der Notariate **99**, 602, 605, 674 f. — des Verzeichnisses der Notariate über Auseinandersetzungen **99**, 608 — des Notariatsgebührenregisters **99**, 609 — der Aktenstücke von Nachlaß- und Teilungsakten **00**, 37; desgl. in Vormundschaftsakten **00**, 208 — des Nachlaßverzeichnisses **00**, 38 — des Registers der Angelegenheiten der freiwilligen Gerichtsbarkeit **00**, 91, 92 — des Vormundschaftsverzeichnisses **00**, 208 f., 209 — s. a. Asservatenbuchnummern, Belegnummern, Dienstregisternummern, Gebührenregisternummern, Geschäftsnummern, Güterrechtsregisternummern, Plannummern, Vereinsregisternummern.

Nummernverzeichnisse für hinterlegte Schuldverschreibungen und Wertpapiere **99**, 1086, 1089 f.

Nutzungen, Zwangsvollstreckung in N. **00**, 719.

N. V., Beifügung dieses Vermerks beim Aktenzeichen in Nachlaß- und Teilungssachen **00**, 39.

O.

Oberaufsicht der Staatsregierung über den Allgemeinen Unterstützungsverein **97**, 186.

Oberbahnämter s. Eisenbahnbetriebsdirektionen.

Oberberufungskommission für Steuersachen, Mitteilungen derselben **01**, 211 — s. a. Abonnement.

Obergerichtsschreiber, Obliegenheiten in bezug auf das Gebührenwesen **00**, 340 f., 341 f.

Oberlandesgerichte, Mittelstellen im Sinne des Art. 200 des Gesetzes über das Gebührenwesen **00,** 337 — rechnerische Behandlung der bei den O. anfallenden Gebühren, Geldstrafen, Auslagen und durchlaufenden Geldern **00,** 340 f. — Geschäftsübersichten **00,** 1278 f. (Form. 1363 f.).

Oberlandesgerichtspräsidenten, Vorbereitung der periodischen Sitzungen der Schwurgerichte **79,** 355 ff.; **01,** 44 ff. — Aufstellung des Amtsverwesers eines Gerichtsvollziehers und der Hilfsgerichtsvollzieher **99,** 528 — Vorlage der Geschäftsübersichten der Gerichtsvollzieher **99,** 1195 — Visitation der Gerichte und Notare ihres Bezirks **00,** 1003 ff. — Bestimmungen hinsichtlich der Disziplin der Notare und Notariatsverweser **01,** 324, 325 f.

Obersekretäre, Verleihung des Titels, Rangs und Gehalts von landgerichtlichen Obersekretären an geschäftsleitende Sekretäre einzelner Amtsgerichte **96,** 205 f.

Oberstaatsanwälte, Vorbereitung der periodischen Sitzungen der Schwurgerichte **79,** 355 f.; **01,** 44 ff. — Erlaß von Bestimmungen über die geschäftliche Behandlung der Aufzeichnungen über telephonische Mitteilungen **96,** 60 — Bestimmungen bezüglich der bedingten Begnadigung Verurteilter **96,** 80, 82, 83, 84 — Anschaffung der zum Vollzug der Bestimmungen über die bedingte Begnadigung erforderlichen Druckformulare **96,** 311 f. — Vorlage kostenfreier Abschriften von auf die Nahrungsmittel- oder Gesundheitspolizei bezüglichen gerichtlichen Urteilen **99,** 138 f. — Mitwirkung bei Gesuchen um Bewilligung der Befreiung von Ehehindernissen **00,** 106; desgl. von dem für die Annahme an Kindesstatt erforderlichen Alter des Annehmenden **00,** 107 — Mitwirkung bei Anträgen auf Ehelichkeitserklärung **00,** 108; desgl. auf Volljährigkeitserklärung **00,** 109 — Bewertung der bei den O. vorkommenden gebührenpflichtigen Verhandlungen **00,** 350.

Oberstes Landesgericht, rechnerische Behandlung der bei demselben anfallenden Gebühren, Geldstrafen, Auslagen und durchlaufenden Geldern **00,** 340 f. — Entscheidung über die Beschwerde gegen die Entscheidung des Landgerichts in Gebührensachen **00,** 349 — s. Generalstaatsanwalt, Straffenat, Übersicht.

Obsignationen s. Siegelungen.

Öffentliche Versteigerungen durch Gerichtsvollzieher **99,** 534, 1178, 1193.

Öffentliche Zustellungen in Angelegenheiten der freiwilligen Gerichtsbarkeit **99,** 495.

Öffnung verschlossener Thüren und Behältnisse bei Vollstreckungshandlungen **00,** 667.

Öle, Probeentnahme **98,** 129.

Örtliche Revision im Gebührenwesen **00,** 377 ff., 364, 365.

Österreich, Rechtshilfe in Patentsachen im Verkehr mit Ö. **99,** 139 — Erwirkung von Auslieferungen **00,** 590 f. — Vollstreckung der von deutschen Gerichten in bürgerlichen Rechtsstreitigkeiten erlassenen Urteile in Ö. **00,** 795 ff.; **01,** 41 — Austausch von Strafnachrichten mit Ö. **01,** 300 f. — Ersuchen um Zustellung an Personen, die in der Armee der österreichisch-ungarischen Monarchie dienen **01,** 645.

Offene Handelsgesellschaften, Bestimmungen bezüglich der Führung des Handelsregisters **99,** 813, 822 f., 859 f., 929 — Eintragung in das Gesellschaftsregister **99,** 880 ff. — Anmeldung zum Schiffsregister **99,** 1001.

Offenes Depot s. Depot, offenes.

Offizialberichtigung bezüglich aufgerechneter Gerichtsauslagen **00,** 366.

Offiziere, Pfändung des Diensteinkommens rc. der O. **98,** 157 ff., 593 ff. — s. a. Militärfiskus, Nachweisung.

Ordnung der Urkunden und Akten der Notariate **99,** 610 ff.

Ordnungsstrafen anläßlich der Führung des Handelsregisters **99,** 806, 809, 810 f., 837 ff., 898 f., 902, 907 ff.; des Genossenschaftsregisters **99,** 933; des Schiffsregisters **99,** 1002; des Vereinsregisters **99,** 1031, 1033 — gegen Notare und Notariatsverweser **01,** 322, 324.

Organe des Handelsstandes im Sinne des § 126 Abs. 1 des Gesetzes über die Angelegenheiten der freiwilligen Gerichtsbarkeit **01,** 35 — s. a. Polizeiorgane.

Organisation der Gerichtsvollzieher **99,** 517 ff.

Ort der Amtsausübung durch Notare **99,** 596 ff. — der postamtlichen Zustellung von Schreiben mit Zustellungsurkunde **00,** 509 ff. — Angabe des O. in Eingaben von Privaten an öffentliche Stellen und Behörden **01,** 364; desgl. in den Reinschriften amtlicher Berichte, Schreiben und Erlasse **01,** 365 — benachbarte Orte im Sinne des § 9 Abs. 2 der Gerichtsvollzieherordnung **99,** 520, desgl 114 3;

im Sinne des Handelsgesetzbuchs **00**, 103 f. — s. a. Aufenthaltsort.
Ortsnamen, Rechtschreibung der O. bei Ausschreibungen im Bayerischen Zentralpolizeiblatte **99**, 16.
Ortspolizeibehörden, Zuständigkeit nach der Zuständigkeitsverordnung **00**, 99.
Ortsverkehr, Portofreiheit der Behörden im O. **97**, 261.

P.

Papier zu Steckbriefnachrichten **96**, 277 — s. a. Formularpapier, Inhaberpapiere, Registerpapier, Wertpapiere.
Papierumschläge, Einlegung der in einer Angelegenheit der freiwilligen Gerichtsbarkeit eingehenden Aktenstücke in P. **00**, 92.
Parteiauftrag an Gerichtsvollzieher und Gerichtsvollziehereien **99**, 1145 ff., 1153, 1162, 1181 f., 1185 ff.
Parteien, Haftung für Gerichtskosten bei Vergleichen **00**, 362; desgl. für Gebühren und Auslagen **00**, 386 — Verfahren bei Erinnerungen und Beschwerden der P. wegen des Ansatzes von Gebühren und Auslagen **00**, 387 ff.
Parteigelder der Gerichtsvollzieher **99**, 1171, 1180, 1183 f., 1188, 1190.
Parteivertreter, Haftung der P. für Gebühren und Auslagen **00**, 386.
Passau, Übertragung der Besorgung des gerichtlichen Hinterlegungswesens für den Bezirk des Amtsgerichts daselbst an die K. Bank **99**, 1115.
Patentsachen, Rechtshilfe in P. im Verkehr mit Oesterreich **99**, 139; desgl. im Verkehr mit der Schweiz **00**, 590.
Pensionen der Gerichtsvollzieher **99**, 530 — der zu Gerichtsschreibern ernannten Gerichtsvollzieher **99**, 532 — s. a. Militärfiskus, Nachweisung, Pfändung.
Pensionsanstalt für die Witwen und Waisen der Advokaten und Rechtsanwälte des Königreichs s. Zentralausschuß.
Pensionsanwartschaft der Gerichtsschreibergehilfen und der nichtrechtskundigen Notariatsgehilfen **01**, 4.
Pensions- und Unterstützungsverein der Kanzlisten bei den Justizbehörden Bayerns, Übersicht über die Rechnungsergebnisse für 1895/96: **96**, 44; für 1896/97: **97**, 272; für 1897/98: **98**, 611; für 1898/99: **99**, 416; für 1899/00: **00**, 1238; für 1900/01: **01**, 632.
— der nichtrechtskundigen Gehilfen bei den K. B. Notariaten **00**, 1085 ff. — Satzungen **00**, 1091 ff. — Übersicht über die Ergebnisse der Rechnung für 1900/01: **01**, 633.
Pensionsverein für Witwen und Waisen der Notare, Beitritt neuernannter Notare **00**, 1117 f.
Perioden s. Sitzungsperioden.
Personal s. Dienstpersonal, Kanzleipersonal, Pflegepersonal.
Personalakten für Pfleglinge in Privatirrenanstalten **96**, 39 — der Gerichtsvollzieher **99**, 1143 — der Notariatsgehilfen **01**, 350.
Personalbeschreibung der zu Verhaftenden in Steckbriefen des Deutschen Fahndungsblattes **99**, 92.
Personalbogen der Notariatsgehilfen **01**, 347 ff. (Form. 353 ff.).
Personalstand an Pfleglingen in Privatirrenanstalten, Evidenthaltung **96**, 39 — der Notariatskammern für 1900/02: **00**, 1171 ff. — der Vorstände der Anwaltskammern für 1901: **01**, 227 ff.
Personen s. Dienstpersonen, jugendliche Personen, juristische Personen, Militärpersonen, unbekannte Personen, unselbständige Personen, Urkundsperson, vermißte Personen, zivilverantwortliche Personen.
Personenbeförderung auf reinen Güterzügen **98**, 119 f.
Personenregister zum Hypothekenbuch, Führung **97**, 15; **99**, 356 ff., 432.
Personenstand s. Beurkundung, Dispensationsgesuche, See, Zivilehegesetz.
Personenstandsgesetz vom 6. Februar 1875 in der vom 1. Januar 1900 an geltenden Fassung **99**, 1222 ff. — Vorschriften des Bundesrats zur Ausführung des Gesetzes **99**, 1244 ff.; Erläuterungen hiezu **99**, 1285 ff.; Vollzug **00**, 862 ff., 873 ff. — s. a. Anweisung.
Pfändung des Diensteinkommens und der Pensionen der Offiziere, Ärzte und Beamten der Militärverwaltung **98**, 157 ff., 593 ff.; s. a. Militärfiskus, Nachweisung — Bewirkung der Zwangsvollstreckung in bewegliche körperliche Sachen wegen Geldforderungen durch P. **00**, 677 ff., 682 ff., 704 — Arrestvollziehung in bewegliches Vermögen durch P. **00**, 733 f. — von Forderungen aus Wechseln und anderen durch Indossament übertragbaren Papieren **00**, 716 f. — von Forderungen, welche die Herausgabe oder Leistung

von beweglichen körperlichen Sachen zum Gegenstande haben **00**, 714 f. — für mehrere Gläubiger gegen denselben Schuldner s. Gleichzeitige Pfändung — s. a. Anschlußpfändung.
Pfändungspfandrecht 00, 676, 683.
Pfalz, Eheabschluß bayerischer in der P. beheimateter Staatsangehöriger in Ungarn **96**, 116 f. — Eintrag von Vornamen in die Standesregister **96**, 395 — Bestimmungen über Namensänderungen **97**, 80 f. — Liegenschaftsrecht **98**, 295 ff. — Amtsführung der Standesbeamten in der P. **99**, 1221 ff. — Aufsicht über die Amtsführung der Standesbeamten in der P. **99**, 1305 ff. — Aufbewahrung der Nebenregister und der Duplikate der Zivilstandsregister in der P. **99**, 1310 — Anweisung des Oberstaatsanwalts bei dem Oberlandesgerichte Zweibrücken an die Standesbeamten in der P. **99**, 1311 ff. — Gebühren in Vormundschaftssachen **00**, 540, 541 f. — s. a. Dispacheur, Grundbuch, Hypothekenauszüge, Hypothekenbewahrer, Inhaberhypotheken.
Pfandbriefe, Anlegung von Mündelgeld in solchen **99**, 383 f.; **00**, 189 f.
Pfandgläubiger 00, 745 ff.
Pfandlokal (Pfandkammer), Bestimmungen hierüber für Gerichtsvollzieher **99**, 1174, 1187, 1188; **00**, 685, 686, 692, 722.
Pfandrecht, Erwerbung eines P. seitens des Berechtigten durch Hinterlegung **00**, 752 — Anwendung der Vorschriften über das durch Rechtsgeschäft bestellte P. auf ein kraft Gesetzes entstandenes P. **00**, 752 — s. a. Arrestpfandrecht, Pfändungspfandrecht, Schiffspfandrecht.
Pfandverkauf durch den Gerichtsvollzieher **00**, 745 ff.
Pflegepersonal in Privatirrenanstalten **96**, 38 ff.
Pfleger, Bestellung für Minderjährige **00**, 182 — Übersendung der Bestallung an den P. **00**, 195 (Form. 241) — Erinnerung des P. an die Rechnungsablegung **00**, 195 (Form. 245) — Rechnungsbescheid für den P. **00**, 195 (Form. 251) — s. a. Ladung.
Pfleglinge in Irrenanstalten **96**, 38 ff. — Bestimmungen hinsichtlich derselben **00**, 199 ff.
Pflegschaften, Bestimmungen hierüber **00**, 199 ff., 210, 212 — Tabelle zur Statistik für P. **00**, 486 ff. (Form. 491 ff.) — Gebühren in P. **00**, 345 f., 539 ff. — s. a. Nachlaßpflegschaft, Statistik.
Pflegschaftsakten 00, 207 ff. — Prüfung bei der örtlichen Revision **00**, 378.
Pflichten des Vormunds **00**, 183 f., 191 ff. — zur Erhaltung der Grenzzeichen **01**, 91 — s. a. Abmarkungspflicht, Amtspflicht, Gebührenpflicht, Kautionspflicht, Portopflicht.
Photographien, Veröffentlichung im Deutschen Fahndungsblatte **99**, 93 — Schutz gegen unbefugte Nachbildung **01**, 535 — s. a. Sachverständigenvereine.
Plan s. Auseinandersetzungsplan.
Plannummern-Bezeichnung der Grundstücke **01**, 642, 642 ff. — s. a. Buchstaben-Plannummern.
Polizei s. Gesundheitspolizei, Sicherheitspolizei.
Polizeibehörden, Verständigung Verurteilter von der Bewilligung der Aussetzung des Strafvollzugs unter Vermittelung der P. **96**, 81 — Ablieferung von Militärpersonen zum Zwecke der Überführung an Zivilgerichtsbehörden **97**, 229 f. — Aufnahme von Bekanntmachungen der P. in das Bayerische Zentralpolizeiblatt **99**, 12 ff. — Anträge auf Auslieferung aus den Niederlanden **99**, 404 f. — s. a. Distriktspolizeibehörden, Ortspolizeibehörden.
Polizeidirektion in München, Bestimmungen bezüglich der Privatirrenanstalten **96**, 38 ff. — Herausgabe des Bayerischen Zentralpolizeiblattes **99**, 12 ff. — Einrichtung eines Nachrichtendienstes für Sicherheitspolizei in bezug auf Zigeuner **99**, 105 f. — Zuständigkeit nach der Zuständigkeitsverordnung **00**, 98, 99, 102 — Äußerung über Gesuche um Gestattung des mündlichen Verhandelns vor dem Amtsgericht **00**, 115.
Polizeiliche Verfügungen, Vollstreckung der durch solche festgesetzten Vermögensstrafen durch die landgerichtlichen Staatsanwälte **96**, 167 f.
Polizeiorgane, Meldung von dem Erscheinen von Zigeunern an die K. Polizeidirektion München **99**, 105.
Polizeipräsidium von Berlin, Herausgabe des deutschen Fahndungsblattes im Bureau desselben **99**, 91.
Polizeivorsteher, Niederlegung des Schriftstücks bei dem P. anläßlich der Zustellung von Amtswegen **99**, 483 f., 484 f.; **00**, 110 ff.; desgl. anläßlich der Zustellung im Parteiauftrage **00**, 110 ff., 628 ff., 631, 632.

Porti, nachträgliche Erhebung und Verrechnung der P. in Armensachen **00,** 338 — rechnerische Behandlung **00,** 385 f.; insbes. durch Gerichtsschreiber **00,** 364, 365 — uneinbringliche **00,** 383 — Ansatz von P. für die im Verkehr außerhalb Bayerns zu besorgenden Zustellungen von Amtswegen **00,** 592 — s. a. Postporti.

Portofreiheit s. Postportofreiheit.

Portopflicht der Sendungen von örtlichen Besitzveränderungsabgaben an die bezugsberechtigten Gemeinden **98,** 201 — in Armenrechtssachen **00,** 338, 349, 939 f. — bei Zustellung von Amtswegen **00,** 591 ff.

Portopflichtige Dienstsache, Bezeichnung von Postsendungen mit diesem Vermerke **00,** 385.

Post, Zustellung von Amtswegen durch die P. **99,** 477, 478, 489 f., 493, 499, 500 — Zustellung durch die P. seitens der Gerichtsvollzieher **99,** 1163; **00,** 636 ff. — s. a. Aufgabe zur Post.

Postamtliche Zustellung von Schreiben mit Zustellungsurkunde **00,** 503, 504 ff., 612.

Postanstalten, Unzulässigkeit der portofreien Vermittelung des amtlichen Fahrpostverkehrs, insbesondere des Geldverkehrs im Ortsbezirke **97,** 261 — Angabe in der Adresse des von Amtswegen zuzustellenden Schriftstücks **99,** 479 f. — — Niederlegung des Schriftstücks bei der P. bei Zustellungen von Amtswegen **99,** 483 f., 484 f.; bei Zustellungen im Parteiauftrage **00,** 628 ff. — Überlieferung der Postzustellungsurkunde an den Gerichtsschreiber bei Zustellungen von Amtswegen **99,** 490; desgl. an den Gerichtsvollzieher bei Parteizustellungen **00,** 640.

Postanweisungen, Zahlungen aus den Staatskassen an auswärtige Empfangsberechtigte mittelst P. **00,** 584 ff., 1018 ff.; **01,** 173 f., 257; s. a. Bestätigungskarten.

Postanweisungsverkehr, Zahlungen aus den Staatskassen an auswärtige Empfangsberechtigte in P. **00,** 584 ff., 1018 ff.

Postaufgabebücher, Führung **00,** 585 f., 1019 f.; **01,** 257.

Postaufgabescheine über Zahlungen aus Staatskassen an auswärtige Empfänger als Rechnungsbelege **01,** 174.

Postboten, Ausführung der Zustellungen von Amtswegen durch den P. **99,** 490.

Postbriefkästen s. Einwerfen.

Postgebühren, Vermerkung der P. im Register für Zustellungen von Amtswegen **99,** 478 — rechnerische Behandlung **00,** 364, 365, 383, 385 f.

Postkarte, Übersendung eines in Angelegenheiten der freiwilligen Gerichtsbarkeit zuzustellenden Schriftstücks mittelst P. **99,** 493, 494 — Benützung von P. für kurze Mitteilungen im Verkehr mit Behörden und Privaten **01,** 368.

Postporti, rechnerische Behandlung und Bestreitung im Gebührenwesen **00,** 385 f., 338, 364, 365, 383 — bei standesamtlichen Postsendungen **00,** 912 ff. — rechnerische Behandlung der auf Übersendung von Vergütungen an auswärtige Waisenräte erwachsenen P. **01,** 183 f.

Postportofreiheit, der Behörden im Ortsverkehr **97,** 261 — im Gebührenwesen **00,** 338, 352 — der Zustellungen von Amtswegen **00,** 591 ff., 594 — standesamtlicher Postsendungen **00,** 912 ff. — im Grundbuch-Anmeldungsverfahren in den Landesteilen rechts des Rheins **01,** 495.

Postportopflicht s. Portopflicht.

Postschalter, Aushändigung des Schriftstücks am P. bei Postzustellungen von Amtswegen **99,** 490; desgl. bei Zustellungen durch Aufgabe zur Post **99,** 491.

Postscheine über Aufgabe der seitens der Hinterlegungsstellen durch die Post übersendeten Gegenstände **99,** 1066, 1085, 1087 f., 1089.

Postsendungen, im Grundbuch-Anlegungsverfahren **98,** 636 f. — Portopflicht und Portofreiheit bei P. **00,** 338, 349, 385 f., 939 f. — Portobehandlung bei standesamtlichen P. **00,** 912 ff. — s. a. Fahrpostsendungen.

Postverwaltung, unentgeltlicher Bezug von Postzustellungsurkunden für Zustellungen von Amtswegen von der P. **00,** 489 — s. a. Vergütung.

Postzustellungen s. Post.

Postzustellungsurkunden bei Zustellungen von Amtswegen **99,** 489, 490; **00,** 962 f.; desgl. im Parteiauftrage **00,** 638, 639 f. — s. a. Formulare, Schreiben, Zustellungsurkunde, postamtliche.

Präbenden aus dem Emma Schuler'schen Erbvermögen **97,** 34 ff. — aus der Töchterkasse **97,** 194 ff.

Präsidenten, Bestimmungen für die P. der Disziplinargerichte hinsichtlich der Disziplin der Notare und Notariatsverweser **01,** 324 ff. — s. a. Landgerichtspräsidenten, Oberlandesgerichtspräsidenten.

Präsidium der Landgerichte, Bescheidung der Beschwerde des Gerichtsvollziehers im Disziplinarverfahren **99**, 527 — Anhörung bei Gesuchen um Gestattung des mündlichen Verhandelns vor einem Amtsgericht **00**, 116 — s. a. Polizeipräsidium.
Praxis der Bewerber um Anstellung im höheren Justizstaatsdienst **01**, 49 ff., 54 ff.
Pressen s. Autographie-Pressen.
Pretiosen, Veröffentlichung von Späheausschreiben zur Wiederbeibringung mittelst strafbarer Handlung abhanden gekommener P. im Bayerischen Zentralpolizeiblatt **99**, 15.
Preußen s. Militärfiskus.
Private, Übernahme von Grundgefällen der P. durch die Staatskasse **98**, 85 ff., 82 ff., 96 ff., 99 ff. — Form der Eingaben von P. an öffentliche Stellen und Behörden **01**, 364 f. (Form. 370 f.) — Form amtlicher Schreiben an P. **01**, 366 (Form. 375) — Anwendung der Bestimmungen über die Vereinfachung des dienstlichen Verkehrs im Verkehr zwischen Militärbehörden und Privaten **01**, 378.
Privatgeheimnisse, Wahrung durch den Gerichtsvollzieher **99**, 529.
Privatirrenanstalten, Verhältnisse **96**, 36 f., 37 ff., 41 ff.
Privatpersonen s. Private.
Privaturkunden, Feststellung des Datums von P. durch Notare **99**, 687; s. a. Buch — Entwerfen von P. durch Notare **99**, 688 f. — Notariatsgebühr für Verwahrung von P. **99**, 774 f.
Probeanstellung und Probedienstleistung der Militäranwärter **01**, 6.
Probedienst s. Probeanstellung.
Probeentnahme von Fetten und Käsen, Anweisung hiezu **98**, 129 f.
Probefrist s. Bewährungsfrist.
Proteste s. Wechselproteste.
Protestregister s. Wechselprotestregister.
Protokolle, des Hypothekenamts über Vernichtung von Schuldverschreibungen auf den Inhaber **96**, 183 — bei den Prüfungen für den höheren Justiz- und Verwaltungsdienst **99**, 220 f.; desgl. für das Gerichtsvollzieheramt **99**, 1137, 1138, 1139, 1140 f. — Bekanntmachung gerichtlicher Verfügungen in Angelegenheiten der freiwilligen Gerichtsbarkeit zu P. **99**, 494 — über Anträge des Beschuldigten in bezug auf seine Verteidigung für die Hauptverhandlung **99**, 496, 501 — der Notare **99**, 644, 646 ff. — des Gerichtsschreibers des Registergerichts **99**, 808, 839, 841 — des Gerichtsschreibers über Hinterlegungserklärungen und Anträge auf Herausgabe hinterlegter Gegenstände **99**, 1062, 1063, 1064, 1071 f., 1072, 1080 — der amtsgerichtlichen Hinterlegungsstellen über Hinausgabe hinterlegter Sachen **99**, 1065, 1085, 1089 — über Gesuche um Annahme zur vorläufigen Verwahrung **99**, 1069 f., 1087 — über den Abschluß der Bücher und den Kassesturz der amtsgerichtlichen Hinterlegungsstellen **99**, 1086 f. — über die Siegelanlegung zum Zwecke der Nachlaßsicherung **00**, 4 f., 6, 8, 32 — über die Entsiegelung in Nachlaßsachen **00**, 5 f., 8 — über die Verhandlung im Termine zur Leistung des Offenbarungseides wegen des Besitzes eines Testamentes **00**, 12 — über Testamentseröffnung durch das Nachlaßgericht **00**, 13 f. — über Vernehmung von Zeugen und Sachverständigen durch das Nachlaßgericht **00**, 17 — über Aufnahme des Nachlaßinventars durch den Gerichtsschreiber **00**, 25 — über Leistung des Offenbarungseides durch den Erben **00**, 26 — zur Beurkundung von Rechtsgeschäften in Nachlaßsachen **00**, 34 — des Gerichtsschreibers über Gesuche um Bewilligung der Befreiung von Ehehindernissen **00**, 105 des Vormundschaftsgerichts über Bestellung (Verpflichtung) des Vormunds, Gegenvormunds und Pflegers **00**, 184 (Form. 219 f.); desgl. des Beistands **00**, 201 (Form. 275 f.) — über die Verhandlung zwischen Vater und Mutter des außerehelichen Kindes **00**, 186 (Form. 227 ff.) — über die Verhandlung mit der Mutter und dem Vormund eines außerehelichen Kindes ohne den unehelichen Vater **00**, 186 (Form. 231 f.) — über das Vaterschaftsbekenntnis des unehelichen Vaters **00**, 186 (Form. 235 f.) — bezüglich der Verhandlung über die Abnahme der Schlußrechnung **00**, 198 (Form. 265 f.) — Unterzeichnung derjenigen P., die eine rechtsgeschäftliche Erklärung enthalten, und Versehung mit dem Gerichtssiegel **00**, 206 — über Erinnerungen der Parteien wegen des Ansatzes von Gebühren und Auslagen oder wegen der der Gebührenbewertung zu grunde gelegten Wertsfestsetzung **00**, 387 — über die Aufnahme von Notariatsgehilfen **01**, 343 — thunlichste Beschränkung der protokollarischen Form der Beurkundung amtlicher Vorgänge unter Zuziehung eines Aktuars (Protokollführers) **01**, 366 — s. a. Abmarkungsprotokolle,

Anmeldungsprotokoll, Hypothekenprotokolle, Notariatsprotokolle, Revisionsprotokolle, Sitzungsprotokoll.
Protokollführer beim ehrengerichtlichen Verfahren an den Börsen in München und Augsburg **96**, 373 — Tagegelder und Reisekosten der zu auswärtigen Dienstgeschäften von einem Notariatsverweser zugezogenen P. **01**, 206 f. — thunlichste Beschränkung der protokollarischen Form der Beurkundung amtlicher Vorgänge unter Zuziehung eines P. **01**, 366.
Protokollierung des Abmarkungsgeschäftes **01**, 120 ff.
Prozeßakten, Prüfung bei der örtlichen Revision **00**, 378.
Prozeßbevollmächtigte, Zustellung von Amtswegen an den P. mehrerer Beteiligter **99**, 487; desgl. im Parteiauftrage **00**, 633.
Prozeßkosten, Portopflicht der Parteien bei Einsendung von P. durch Vermittelung gemeindlicher Behörden **00**, 349 — s. a. Sicherheitsleistung.
Prüfung für den höheren Justiz- und Verwaltungsdienst **99**, 179 ff., 194 ff.; s. a. erste Prüfung, zweite Prüfung, Zwischenprüfung — für das Gerichtsvollzieheramt **99**, 519 f., 529, 1136 ff. — der Geschäftsfähigkeit der bei Notariatsgeschäften Beteiligten **99**, 618 f. — der Vertretungsmacht durch Notare **99**, 619 ff. — der Frage der Notwendigkeit einer Bestätigung, Genehmigung, Zustimmung bei Notariatsgeschäften **99**, 622 ff. — der Anmeldungen zum Handelsregister **99**, 844 ff. — der Rechnung des Vormunds durch den Gegenvormund **00**, 194; durch den Vormundschaftsrichter **00**, 194 — der Schlußrechnung des Vormunds **00**, 197 — der Richtigkeit der Gebührenansätze und der Überträge in die Gebührenregister durch die Finanzbehörden **00**, 336 — des Vorschußregisters und des hiezu gehörigen Repertoriums **00**, 364 — der Liquidationen über die den Gerichtsbeamten gebührenden Kommissionskosten **00**, 364 — der Gebührenregister s. Revision.
Prüfungsaufgaben der Rechtskandidaten **99**, 190 — bei der ersten Prüfung für den höheren Justiz- und Verwaltungsdienst **99**, 212 ff.; desgl. bei der zweiten Prüfung **99**, 245 ff. — der Bewerber um das Gerichtsvollzieheramt **99**, 1137 ff., 1141.
Prüfungsgebühr der Rechtskandidaten **99**, 223 ff.
Prüfungskommissionen der Zwischenprüfung und der ersten Prüfung für den höheren Justiz- und Verwaltungsdienst **99**, 202 ff.; desgl. der zweiten Prüfung **99**, 244 f. — der Prüfung für das Gerichtsvollzieheramt **99**, 519 f., 1136 ff.
Prüfungslokale bei den Prüfungen für den höheren Justiz- und Verwaltungsdienst **99**, 214, 246, 249, 250, 256.
Prüfungszeugnisse der Rechtspraktikanten **99**, 221 (Form. 259, 261) — der geprüften Rechtspraktikanten **99**, 255 (Form. 327) — der Bewerber um das Gerichtsvollzieheramt **99**, 1141.

Q.

Qualifikation der Notariatsgehilfen **01**, 349 f.
Qualifikationsbogen der Notariatsgehilfen **01**, 350 (Form. 353 ff.).
Quittungen über bestrittene Gerichtsauslagen und über die Hinausvergütung durchlaufender Gelder **00**, 364, 365, 367 (Form. 407 f.) — s. a. Interimsquittungen, Schlußquittungen.
Quittungsvermerk auf Wechseln **97**, 213, 214; **00**, 1224.
Quittungsverzeichnis der Gerichtsschreiber **00**, 364, 365, 367 (Form. 407 f.).

R.

Radierungen s. Rasuren.
Räte s. Gemeindewaisenrat, Kreismedizinalräte, Waisenräte.
Räume s. Geschäftsräume, Zwischenräume.
Rand bei Notariatsurkunden **99**, 635, 636, 638 f., 644, 646, 649, 657 — Anträge auf Beisetzung eines Vermerks am Rande einer Geburtsurkunde **00**, 862 ff. — Freilassung eines entsprechenden Randes auf den zweiten und folgenden Seiten der Eingaben von Privaten an öffentliche Stellen und Behörden **01**, 364; desgl. in den Reinschriften amtlicher Berichte, Schreiben und Erlasse **01**, 365.
Rasuren, Vermeidung von R. in Zustellungsurkunden des Gerichtsdieners **99**, 488; desgl. in Schriftstücken der Gerichtsvollzieher **99**, 1148.
Rat s. Räte.
Realanerbieten s. Angebot.
Rechnerische Behandlung des Gebührenwesens **00**, 340 ff., 350 ff. — der aus

Anlaß der Führung von Notariaten auf Rechnung der Staatskasse anfallenden Einnahmen und Ausgaben **01**, 179 ff. — der Tagegelder und Reisekosten der zu auswärtigen Dienstgeschäften eines Notariatsverwesers zugezogenen Protokollführer **01**, 206 f. — der Vergütungen der Notare bei auswärtigen Dienstgeschäften in Armensachen **01**, 207 f.

Rechnungen, Ergebnisse der R. von Vereinen s. Pensions- und Unterstützungsverein — s. a. Kostenrechnungen, Nebenrechnung, Regierechnungen, Schlußrechnung.

Rechnungsbescheid für Vormund, Pfleger und Beistand **00**, 195 (Form. 249, 251).

Rechnungsführende Gerichtsschreiber, Bestellung beim Landgericht München I **84**, 119; beim Landgericht Nürnberg **93**, 13 f.; beim Amtsgericht Nürnberg **93**, 253 f.; beim Landgericht München II **93**, 254; beim Amtsgericht Würzburg **93**, 256; beim Amtsgericht Augsburg **96**, 36; beim Landgericht Augsburg **96**, 248 — Besorgung des Gebührenwesens **00**, 341, 350, 359; insbesondere der Gerichtsvollzieher **99**, 525, 1153, 1155, 1158, 1159, 1166 ff., 1180, 1181, 1182, 1183, 1184, 1190 f.; **00**, 350, 373, 375, 376 f., 378, 381, 383; **01**, 590.

Rechnungslegung s. Rechnungsstellung.

Rechnungsschema für die XXV. Finanzperiode 1900/1901: **01**, 173 ff. — s. a. Auszug.

Rechnungsstellung anläßl. der Zwischenprüfung und der ersten Prüfung für den höheren Justiz- und Verwaltungsdienst **99**, 225 ff. (Form. 277 ff.) — durch den Vormund **00**, 183 f., 193 ff., 196, 211 — durch den Beistand **00**, 202, 211 — der Rentämter bezüglich des Gebührenwesens **00**, 383 — s. a. Erinnerung, Mitteilung.

Rechnungswesen, Besorgung des R. beim K. Amtsgericht Augsburg **96**, 36; desgl. beim K. Landgericht Augsburg **96**, 248.

Rechte, Anmeldung und Eintragung von R. in das Grundbuch der Landesteile rechts des Rheins **01**, 503 ff. — s. a. Gesinderecht, Korporationsrechte, Liegenschaftsrecht, Pfandrecht, Vollstreckungsrecht.

Rechtsanwälte, Sitzungskleidung **96**, 393 f. — Ersatzzustellung von Amtswegen an R. **99**, 485, 488, 513; im Parteiauftrag **00**, 631, 632 — Portopflicht für den brieflichen Verkehr mit den Parteien in Armenrechtssachen **00**, 349 — Haftung für die Entrichtung der Gebühren, Auslagen und fälligen Vorschüsse **00**, 386 — postamtliche Zustellung von Schreiben mit Zustellungsurkunde an R. **00**, 513 — Verzeichnis der in das Hauptverzeichnis der Bewerber um Anstellung im Justizstaatsdienste aufgenommenen Rechtsanwälte **01**, 67 (Form. 73) — Verzeichnis der in den Rechtsanwaltslisten der Bayerischen Gerichte eingetragenen R. nach dem Stande vom 24. Januar 1901: **01**, 230 ff. — s. a. Übersicht, Zentralausschuß.

Rechtsanwaltsordnung vom 1. Juli 1878, Vollzug der §§ 44, 46: **01**, 227 ff.

Rechtsgeschäfte s. Beurkundung.

Rechtschreibung der Ortsnamen bei Ausschreibungen im Bayerischen Zentralpolizeiblatte **99**, 16.

Rechtshilfe bei Vollzug von polizeilichen Strafverfügungen und Bescheiden der Seemannsämter **96**, 167 f, 168 — in Patentsachen im Verkehr mit Österreich **99**, 139; desgl. im Verkehr mit der Schweiz **00**, 590 — Kosten **00**, 368, 1067 ff.; insbesondere in der freiwilligen Gerichtsbarkeit **01**, 266 — s. a. Übersicht, Zusammenstellung.

Rechtshilfeverkehr mit Dänemark **87**, 93; **00**, 961 — mit den Niederlanden **96**, 194 f. — mit Österreich-Ungarn **99**, 139; **00**, 1170 — mit der Schweiz **00**, 590 — mit Japan **00**, 1153.

Rechtspraktikanten, Praxis der geprüften R. **01**, 49 ff., 54 ff. — Geschäftsaushilfe im Grundbuch-Anmeldungsverfahren in den Landesteilen rechts des Rheins durch geprüfte R. **01**, 493 — s. a. Bewerber um Anstellung im höheren Justizstaatsdienst, Geschäftsverzeichnis, Prüfung, Übersicht, Verzeichnis, Vorbereitungsdienst.

Rechtsstreitigkeiten, bürgerliche, Zustellungen von Amtswegen **99**, 475 f., 476 ff. — Zustellungen auf Betreiben der Parteien **00**, 624 ff. — Zwangsvollstreckung in solchen durch Gerichtsvollzieher, allgemeine Vorschriften **00**, 647 ff.; Zwangsvollstreckung in bewegliche körperliche Sachen **00**, 675 ff.; desgl. in Forderungen und andere Vermögensrechte **00**, 708 ff.; desgl. zur Erwirkung der Herausgabe von Sachen und unselbständigen Personen **00**, 719 ff.; desgl. zur Beseitigung des vom Schuldner gegen die Vornahme einer von ihm zu duldenden Handlung geleisteten

Widerstandes **00**, 723 f.; Haft **00**, 724 ff.; Zwangsvollstreckung in das unbewegliche Vermögen **00**, 728 ff.; Vollziehung des Arrestes und einstweiliger Verfügungen **00**, 731 ff.; Hinterlegung **00**, 735 ff.

Rechtsstudium, Gestaltung **97**, 77 ff.

Redaktion des Bayerischen Zentralpolizeiblattes **99**, 13, 16 — des Deutschen Fahndungsblattes **99**, 92, 93, 94.

Referenten, Bezeichnung des R. in den Reinschriften amtlicher Berichte, Schreiben und Erlasse **01**, 365 — s. a. Regierungsreferenten.

Regensburg, Übertragung der Besorgung des gerichtlichen Hinterlegungswesens für den Bezirk der Amtsgerichte I und II dortselbst an die K. Bank **99**, 1115.

Regiemittel, Bestreitung der Kosten aus ordentlichen Regiemitteln für Invalidenversicherung von im Justizdienst angestellten Personen **01**, 6; desgl. für das Halten der Bayerischen Handelszeitung **01**, 294; desgl. für Anschaffung des Formularpapiers zum Handels-, Vereins-, Genossenschafts- und Güterrechtsregister **01**, 441; desgl. für Anschaffung einer Schrift über die Untersuchung von Brandstiftungen **01**, 616.

Regierechnungen der Gerichte, Nachweisung der auf die Einführung des B.G.B. und der Nebengesetze erlaufenden übrigen Ausgaben mit Einschluß der Bezüge der aus Anlaß der Einführung des Grundbuchs aufgenommenen Gerichtsschreibergehilfen und Aushilfsschreiber in den R. **01**, 177.

Regierungsfinanzkammern, Mitteilung der Kostenverzeichnisse für die zum Vollzuge der Bestimmungen über die bedingte Begnadigung erforderlichen Druckformulare **96**, 312 — Obliegenheiten in bezug auf das Verpflegskostenwesen der Strafanstalten **96**, 330 ff. — Einreichung von Beschwerden der Gemeinden über den Ansatz von örtlichen Besitzveränderungsabgaben oder über die Abrechnung bezüglich derselben **98**, 202 — revisorische Prüfung der Liquidationen über Kommissionskosten der Gerichtsbeamten **00**, 361 — Revision der Gebührenregister durch die R. **00**, 375 ff., 342 — Thätigkeit von Kommissären der R. bei der örtlichen Revision des Gebührenwesens bei den Gerichten **00**, 377 ff. — Bestimmungen bezüglich des gerichtlichen Hinterlegungswesens **99**, 1086, 1087, 1088; desgl. bezüglich des Gebührenwesens **00**, 349, 362, 363, 364, 375 ff., 387 ff., 390 — Bestimmungen bezüglich des Vollzugs des Erbschaftssteuergesetzes **00**, 468 ff. — Überwachung des Vollzugs der Bestimmungen über die Plannummernbezeichnung der Grundstücke **01**, 644.

Regierungskommissäre, Einsicht von den Akten der Gerichte, Notare und Verwaltungsbehörden **00**, 336 — örtliche Revision des Gebührenwesens **00**, 377 ff.

Regierungsreferenten, Gebühreninspektionen durch R. **00**, 379.

Regiewesen der Gerichte **01**, 177.

Register für Zustellungen von Amtswegen **99**, 477 f., 496, 498 (Form. 503 ff.); **00**, 583, 592 f. — für registrierte Gesellschaften **99**, 958, 963 f. — alphabetisches, zum Hauptbuch der Hinterlegungsstellen **99**, 1082, 1084 f. — der Gerichtsvollzieher **99**, 1159 ff., 1180, 1181 (Form. 1199 ff.) — der Angelegenheiten der freiwilligen Gerichtsbarkeit **00**, 89 ff. (Form. 95) — **Vermerk der Kosten** im Gebührenwesen in den R. **00**, 350 — s. a. Auslagenregister, Börsenregister, Dienstregister, Einzugsregister, Firmenregister, Gebührenregister, Genossenschaftsregister, Geschäftsregister, Gesellschaftsregister, Güterrechtsregister, Handelsregister, Hauptregister, Mahnregister, Musterregister, Nachholungsregister, Nachschlageregister, Nebenregister, Notariatsgebührenregister, Personenregister, Rückvergütungsregister, Sachregister, Schiffsregister, Standesregister, Strafregister, Testamentsregister, Vereinsregister, Vormundschaftsregister, Vorschußregister, Wechselprotestregister, Zustellungsregister, Zuteilungsregister.

Registerakten für Registerblätter des Handelsregisters **99**, 903 f.; des Genossenschaftsregisters **99**, 939 f., 944, 961; des Musterregisters **99**, 973 ff.; des Börsenregisters **99**, 989 f.; des Schiffsregisters **99**, 1013 f.; des Vereinsregisters **99**, 1035, 1037; des Güterrechtsregisters **99**, 1035, 1039.

Registerbände der Amtsgerichte, Eintragungen in die R. **99**, 866, 870, 904.

Registerblätter des Handelsregisters **99**, 868, 870 f. — des Firmenregisters **99**, 872 ff. — des Gesellschaftsregisters **99**, 880 ff., 939, 961 — des Musterregisters **99**, 974.

Registerführung seitens der Notariate **99**, 599 ff. — bei den Amtsgerichten **99**, 789 ff.; (systematische Inhaltsübersicht **99**, 1053 ff.) — näheres s. unter Börsenregister, Genossenschaftsregister, Güterrechtsregister, Handelsregister, Musterregister, Schiffsregister, Vereinsregister, Gebühren.
Registergerichte, Vorschriften bezüglich der Führung der Handelsregister **99**, 806, 808 ff., 815 ff., 893 ff., 903 ff., 907 ff.
Registerpapier zu Nachträgen für die Gebührenregister **00**, 381.
Registerrichter, Obliegenheiten in bezug auf Führung des Handelsregisters **99**, 816 ff., 837 ff., 841 ff., 867 ff., 887 ff., 889 ff., 907 ff., 989, 1013, 1034.
Registersachen, Vortrag der in solchen zum Anfall gelangenden Gebühren im allgemeinen Gebührenregister **00**, 363.
Registratur in Hypothekensachen, Ausnahme **97**, 143 f. — s. a. Handregistratur.
Registraturbeamte, besondere, der Amtsgerichte, Führung des Nachlaßverzeichnisses **00**, 38; des Terminkalenders für Nachlaßsachen **00**, 38; desgl. für Vormundschaftssachen **00**, 212; des Vormundschaftsverzeichnisses **00**, 209; des Volljährigkeitskalenders **00**, 212; des Verzeichnisses der volljährigen Mündel und Pfleglinge **00**, 213.
Registraturverzeichnisse, Fortführung der bisherigen R. als Vormundschaftsverzeichnis **00**, 214.
Reglement für die Hinterlegungsstellen der K. Bank **99**, 1124 ff.
Regulative über die Annahme, Ausbildung und Prüfung von Kandidaten zu den Stellen des höheren Militär-Verwaltungsdienstes, dann von Intendantur-, Sekretariats- und Registratur-Applikanten **96**, 1 f.
Reichsangehörige, Ableben deutscher R. in Ungarn **96**, 391 — strafrechtliche Verfolgung wegen der in der Schweiz begangenen Verbrechen oder Vergehen **97**, 244 f.
Reichs-Gebührenordnung für Gerichtsvollzieher vom 24. Juni 1878 in Fassung der Bekanntmachung vom 20. Mai 1898, Berechnung der Gebühren und Auslagen der Gerichtsvollzieher nach derselben **99**, 533, 536, 1151, 1155 ff. — für Zeugen und Sachverständige vom 30. Juni 1878, Vollzug **99**, 331, 332 f.
Reichs-Gerichtskostengesetz vom 18. Juni 1878 in Fassung der Bekanntmachung vom 20. Mai 1898, Ausführung **00**, 335 ff., 343 ff.
Reichs-Gerichtsverfassungsgesetz vom 27. Januar 1877 in Fassung der Bekanntmachung vom 20. Mai 1898, Vollzug des § 155: **99**, 517 ff.
Reichs-Gewerbeordnung in Fassung der Bekanntmachung vom 26. Juli 1900, Ausführungsbestimmungen zu §§ 126, 126 a, 154 Abs. 1: **01**, 257, 260 ff.
Reichskasse, Vereinnahmung und Verrechnung der gemäß Art. IV des Gesetzes, betr. Änderungen des G.V.G. und der St.P.O., vom 17. Mai 1898 in die R. fließenden Kosten **00**, 537 f., 538 f.
Reichsmünzen, Einziehung abgenutzter Reichs-Nickelmünzen **99**, 34.
Reichs-Strafgesetzbuch vom 15. Mai 1871, Vollzug des § 360 Nr. 4 und 5: **99**, 100 f., 101 f.; desgl. der §§ 23—26: **01**, 591, 592 f. — s. a. Unterbringung.
Reichs-Strafprozeßordnung vom 1. Februar 1877, Vollzug **99**, 229; insbesondere des § 499 Abs. 2: **98**, 228 ff., 277, 278 f. — Anwendung des § 126: **01**, 614 f.
Reichsverweisungen, Veröffentlichung im Bayerischen Zentralpolizeiblatt **99**, 15, 16.
Reichs-Zivilprozeßordnung vom 30. Januar 1877 in Fassung der Bekanntmachung vom 20. Mai 1898, Vollzug des § 157 Abs. 4: **00**, 115 f.; des § 182: **00**, 110 ff.; des § 961: **00**, 582.
Reinschriften, einheitliche Form der R. aller amtlichen Berichte, Schreiben und Erlasse **01**, 365 f. (Form. 372 ff.).
Reiseentschädigung der Zeugen und Sachverständigen, Hinterlegung auf der Gerichtsschreiberei **90**, 75 f. — s. a. Reisekosten.
Reisekosten der Gerichtsvollzieher **99**, 524, 525, 535, 1152, 1156, 1157, 1163, 1170, 1194 — der Amtsverweser von Gerichtsvollzieherstellen und der Hilfsgerichtsvollzieher **99**, 528 — der Notare **99**, 781 ff. — der Geschworenen **00**, 297 f. — der Zeugen und Sachverständigen s. Reiseentschädigung, Tagegelder und Reisekosten.
Reisen s. Dienstreisen, Rückreisen, Zwischenreise.
Rektorate, Mitteilungen an die R. über strafrechtliche Untersuchungen und Verurteilungen **91**, 74 f.; **97**, 230.
Rentämter, Abgabe von dem Strafregister entnommenen Strafnachrichten an die R. **96**, 275 f.; **98**, 23 — Obliegenheiten in bezug auf das Verpflegskostenwesen der Strafanstalten **96**, 330 ff.

— Bestimmungen bezüglich der Grundentlastung **98**, 82 f., 91 ff., 99 ff. — Vorschriften hinsichtlich der örtlichen Besitzveränderungsabgabe **98**, 198, 199 ff. — Auszahlung der einem freigesprochenen oder außer Verfolgung gesetzten Angeschuldigten von der Staatskasse zu erstattenden notwendigen Auslagen und Führung eines Verzeichnisses hierüber **98**, 278 f. — Evidentstellung von Grundsteuerkatasterauszügen im Grundbuchanlegungsverfahren **98**, 633 — Behandlung des Gebührenwesens **00**, 369 ff., 359 ff., 340, 341, 342, 367 f., 383, 1228 f. — Vorschriften bezüglich des Vollzugs des Erbschaftssteuergesetzes **00**, 468 ff., 1168 f. — Auszahlung der Besoldungen von pragmatischen Beamten, dann von nichtpragmatischen statusmäßigen Beamten und Bediensteten durch die R. **01**, 177 — Obliegenheiten in bezug auf die Katasterumschreibung aus Anlaß von Todesfällen **01**, 443 ff. — s. a. Rechnungsstellung.

Rentamtsdiener und **Rentamtsbeiboten**, als Vollstreckungsorgane der Rentämter bei Beitreibung der in Strafsachen anfallenden Geldstrafen **00**, 341.

Rentenscheine der bei den Gerichten hinterlegten Wertpapiere **99**, 1060, 1065, 1077, 1083, 1084.

Rentenschulden, Anlegung von Mündelgeld in R. **00**, 190.

Repertorium zu dem Vorschußregister über die von den Parteien vorzuschießenden Gerichtsauslagen **00**, 363.

Reproduktion von Abbildungen im Bayerischen Zentralpolizeiblatt **99**, 12, 13.

Requisitionen um Aufnahme in das Beiblatt zum Bayerischen Zentralpolizeiblatt **99**, 15, 16.

Revision der Strafanstalten **98**, 35 — der Satzungen des Allgemeinen Unterstützungsvereins für die Hinterbliebenen der K. B. Staatsdiener und der hiemit verbundenen Töchterkasse **00**, 1187 ff. — der Gebührenregister **00**, 375 ff., 342 — der Auslagenregister der Gerichtsschreiber **00**, 365 — s. a. Erinnerungen, revisorische; Gebührenrevision, örtliche Revision.

Revisionsprotokolle im Gebührenwesen **00**, 342, 375 f., 377, 379.

Richter s. Amtsrichter, beauftragter Richter, ersuchter Richter, Nachlaßrichter, Registerrichter, Untersuchungsrichter, Vormundschaftsrichter.

Richtigstellung des Zeugnisses über die Fortsetzung der Gütergemeinschaft **01**, 388, 457.

Robe als Bestandteil der Sitzungskleidung **96**, 394.

Rückenschilde für Sach- und Personenregister zu den Hypothekenbüchern **99**, 358.

Rückerbittung von Beilagen im schriftlichen Verkehr **01**, 366.

Rückersatz der Verpflegskosten bei den Strafanstaltsverwaltungen **96**, 330 — bezahlter Gebühren und Auslagen, Verjährung des Anspruchs hierauf **00**, 387.

Rückreisen von Geschworenen, Kostenvergütung **00**, 298.

Rückschein s. Einschreibsendungen.

Rücksendung der Postzustellungsurkunde an die Gerichtsschreiberei bei Zustellungen von Amtswegen **99**, 489 — s. a. Rückerbittung.

Rückstände an örtlichen Besitzveränderungsabgaben **98**, 201 — im Gebührenwesen **00**, 352, 371 ff.; insbesondere der Notare **00**, 358; der Gerichte **00**, 367 f.; der Gerichtsvollzieher **00**, 376, 378, 383; s. a. **99**, 1166, 1170, 1176, 1191; der Notariatsverweser **00**, 371 f. — s. a. Einnahmerückstände.

Rückvergütungen von örtlichen Besitzveränderungsabgaben **98**, 201 — im Gebührenwesen **99**, 352, 358, 367 f., 371 f., 378, 380 ff. — im Kostenwesen der Gerichtsvollzieher **99**, 1169, 1170.

Rückvergütungsregister des rechnungsführenden Gerichtsschreibers **00**, 381.

Rußland s. Beglaubigung.

S.

Sachen s. bewegliche körperliche Sachen, unbewegliche Sachen, Herausgabe.

Sachregister zum Hypothekenbuch, Anlage **97**, 15; **99**, 356 ff., 432 — Fortführung **98**, 225 ff.

Sachsen s. Militärfiskus, Nachweisung.

Sachverständige, Ersuchen um Vernehmung von in anderen Bundesstaaten wohnhaften S. **00**, 1068 f. — Aufstellung von S. zur Untersuchung von Nahrungsmitteln rc. **01**, 595; Vereidigung **01**, 628 f. — s. a. Reichs-Gebührenordnung.

Sachverständigen-Vereine, künstlerische, photographische und gewerbliche **01**, 535.

Saisonheizer bei den Justizbehörden, Invalidenversicherungspflicht **01**, 5 f.

Salinenverwaltung s. Verwahrung.
Sammelakten der Gerichtsvollzieher **99**, 1177, 1179, 1189 — für Todesanzeigen der Standesbeamten, welche bei ihrem Anfall zu einer Thätigkeit des Nachlaßrichters keinen Anlaß geben **00**, 36 — für die in Aktenhüllen eingelegten Aktenstücke und für die Akten in Angelegenheiten der freiwilligen Gerichtsbarkeit **00**, 93.
Sammlung der Urkunden und Akten der Notariate **99**, 610 ff. — s. a. Urkundensammlung, Zentralverein.
Satzungen für Privatirrenanstalten **96**, 39, 40 — Eintragung der Satzungen eines eingetragenen Vereins in das Vereinsregister **99**, 1026 ff., 1036 — s. a. Pensions- und Unterstützungsverein, Unterstützungsverein.
Schätzung durch Notare **99**, 687 — gepfändeter Gold- und Silbersachen sowie anderer Kostbarkeiten vor der Verwertung **00**, 688; desgl. beim Pfandverkauf **00**, 747 — s. a. Abschätzung.
Schalter s. Postschalter.
Scheine s. Anteilscheine, Erneuerungsscheine, Hinterlegungsscheine, Postaufgabescheine, Postscheine, Rentenscheine, Zinsscheine.
Schiedssprüche, Zwangsvollstreckung hieraus **00**, 653.
Schiffe, Herausgabe, Überlassung oder Räumung bewohnter S. **00**, 721 ff.
Schiffsbriefe, Ausfertigung **99**, 1001 f., 1012 ff., 1025 (Form. 1021 ff.).
Schiffspfandrecht **99**, 1003 ff., 1012, 1025 f.
Schiffsregister, Führung **99**, 1000 ff., 1003 ff., 1009, 1009 ff., 1025 f.; **00**, 104 (Form. **99**, 1015 ff.) — Vortrag der für Einträge in das Sch. zum Anfall gelangenden Gebühren im allgemeinen Gebührenregister **00**, 363.
Schilde s. Rückenschilde.
Schlüsselduplikate s. Verwahrung.
Schlußbericht des Vormunds rc. **00**, 197.
Schlußquittungen der gebührenverrechnenden Beamten über Tantiemen **00**, 355.
Schlußrechnung des Vormunds **00**, 197 f. — des Pflegers **00**, 201 — des Beistands **00**, 203.
Schmalz s. Butter, Schweineschmalz.
Schmückung der Zivilstaatsgebäude **00**, 1119 f.
Schöffengerichte, Vollzug der von den Sch. rechtskräftig erkannten Strafen **99**, 15
Schreiben der bayerischen Gerichte an das Gericht in Kiautschou und die Marinegerichte im Auslande **99**, 356 — Anweisung der Generaldirektion der K. B. Posten und Telegraphen zur postdienstlichen Behandlung der Sch. mit Zustellungsurkunde **00**, 503, 504 ff., 612 — Form amtlicher S. **01**, 365, 366 (Form. 375) — s. a. Ersuchschreiben, Mahnschreiben.
Schreiber, Zustellung von Amtswegen an S. von Rechtsanwälten, Notaren und Gerichtsvollziehern **99**, 485; desgl. im Parteiauftrag **00**, 631, 632 — s. a. Aushilfsschreiber.
Schreibgebühren der Gerichtsvollzieher **99**, 536, 1150, 1157, 1168, 1181, 1184, 1194 — der Notariate **99**, 777, 778 — im Gebührenwesen **00**, 347 f. — für Abschriften und Auszüge, deren Fertigung besondere paläographische oder Sprachkenntnisse erfordert **00**, 337 — der Gerichte **00**, 366.
Schreibkräfte für die Notariate **01**, 341, 351.
Schreibmaschinen, Benützung im amtlichen Verkehr **01**, 368.
Schreibweise, amtliche **01**, 368.
Schreibwerk der Gerichtsvollzieher **99**, 522, 1184, 1186.
Schrift, deutliche, im amtlichen Verkehr **01**, 368 — s. a. Bleischrift, Trockenschrift.
Schriften für Strafgefangene **98**, 82 s. a. Doppelschriften, Druckschriften, Reinschriften, ferner Verkehr.
Schriftliche Anmeldungen und **Erklärungen** im Grundbuch-Anmeldungsverfahren in den Landesteilen rechts des Rheins **01**, 502.
Schriftlicher Teil der ersten Prüfung für den höheren Justiz- und Verwaltungsdienst **99**, 212 ff. — desgl. der Prüfung für das Gerichtsvollzieheramt **99**, 1137 f.
Schriftstücke, Versendung amtlicher S. in Umschlägen **01**, 368 — s. a. Schreiben.
Schubwesen, Überführung von Militärpersonen an Zivilgerichtsbehörden **97**, 229 — Schublieferungen durch nichtbayerische Behörden **01**, 549, 550.
Schüblinge, Ablieferung durch nichtbayerische Behörden **01**, 549, 550.
Schüler öffentlicher Lehranstalten, Mitteilung über strafrechtliche Untersuchungen und Verurteilungen gegen die S. an

die Rektorate 64, 22, 79, Beil. 38; 80, 279 f.; 91, 74 f.; 97, 230.
Schuldbekenntnisse mit Hypothekbestellung nach Art. 22 des Grundentlastungsgesetzes vom 2. Februar 1898: 98, 82, 84.
Schuldbriefe für Gemeindedarlehen (Kommunalobligationen) der Bayerischen Landwirtschaftsbank und der Pfälzischen Hypothekenbank, Anlegung von Mündelgeld in solchen 99, 383 f.; 00, 189 f.
Schulden s. Grundschulden, Rentenschulden.
Schuldner der entstandenen Gebühren und Auslagen 00, 361.
Schuldtitel zur Zwangsvollstreckung 99, 1179; 00, 650 ff., 711, 714, 718, 719, 724, 730, 739, 746 — Vormerkung einer Hypothek auf Grund anderer Sch. als eines Vollstreckungsbefehls 00, 114 f.
Schuld- und Hypothekenbriefe, Zustellung durch Gerichtsvollzieher 96, 118.
Schuldverschreibungen auf den Inhaber, Bestimmungen hierüber 96, 114, 181 ff.; 00, 99 f. — Anlegung von Mündelgeld in Sch. bayerischer Gemeinden mit Einschluß der Distrikts- und Kreisgemeinden 00, 189 f. — s. a. Staatsschuldverschreibungen; Eisenbahnen, pfälzische; Verkehrsunternehmungen.
Schuler Emma, Erbvermögen, Präbenden hieraus 97, 34 ff.
Schutz s. Photographien.
Schutzgebiete, Nichtanwendung der Grundsätze vom 6. November 1897 auf die in den S. zu vollstreckenden Freiheitsstrafen 98, 36.
Schweineschmalz, Probeentnahme 98, 129.
Schweinfurt, Übertragung der Besorgung des gerichtlichen Hinterlegungswesens für den Bezirk des Amtsgerichts dortselbst an die K. Bank 99, 1115 — Gewerbegericht daselbst 99, 89 f.
Schweiz, strafrechtliche Verfolgung Deutscher bezw. Schweizer wegen der in der Schweiz bezw. Deutschland begangenen Verbrechen oder Vergehen 97, 244 f. — Erwirkung von Auslieferungen dorther 98, 5 f. — Rechtshilfeverkehr hiemit, insbesondere in Patentsachen 00, 590 — Verehelichung von Bayern in der Schweiz und von Schweizern in Bayern 01, 646.
Schwindler s. Notizen.
Schwurgerichte, Geschäftsübersichten 00, 1279 f. (Form. 1369 ff.) — Vorbereitung der periodischen Sitzungen 01, 43 ff.
Schwurgerichtspräsidenten s. Vorsitzender des Schwurgerichts.
See, Beurkundung des Personenstands der auf S. befindlichen Personen 99, 1239 f.
Seelsorge für Strafgefangene 98, 32.
Seemannsämter, Vollstreckung der durch Strafbescheide der S. festgesetzten Vermögens- bezw. Haftstrafen durch landgerichtliche Staatsanwälte 96, 167 f., 168.
Seitenzahlen der Geschäftsbücher der Gerichtsvollzieher 99, 1161, 1171, 1175 — auf umfangreicheren Schriftstücken im schriftlichen amtlichen Verkehr 01, 366 — auf dem Formularpapier zu den Handels-, Vereins-, Genossenschafts- und Güterrechtsregistern 01, 441.
Sekretäre, Ernennung der staatsanwaltschaftlichen S. zu landgerichtlichen Gerichtsschreibern 00, 112 — s. a. Gerichtsschreiber.
Sekretärstellen, Besetzung von S. 01, 647.
Sekretariatsassistenten, Erlernung der Stenographie 97, 116.
Sekretariatsgehilfen, Erlernung der Stenographie 97, 116.
Senate s. Strafsenat.
Sendungen, postamtliche Zustellung 00, 504 ff. — Bezeichnung des Empfängers von Sendungen 01, 320 — s. a. Einschreibsendungen, Nachnahmesendungen, Nachsendung, Postsendungen, Rücksendung, Wertsendungen.
Sequester bei Pfändung eines Anspruchs auf eine unbewegliche Sache 00, 717.
Sicherheit, Verfall und zwangsweise Beitreibung der zur Abwendung der Untersuchungshaft geleisteten S. 00, 743.
Sicherheitsarrest, Vollziehung des persönlichen S. 00, 734.
Sicherheitsbehörden, Anträge auf Auslieferung aus den Niederlanden 99, 404 f.
Sicherheitsdienst, Veröffentlichung der Bekanntmachungen für den S. im Bayerischen Zentralpolizeiblatt 99, 2 ff., 90 f.
Sicherheitshaft s. Sicherheitsarrest.
Sicherheitsleistung wegen Prozeßkosten im Verkehr mit Ungarn 96, 159 f.
Sicherheitspolizei in bezug auf Zigeuner 99, 105 f.
Sicherung der Amtsbestände der Notariate 99, 699 f. — des Nachlasses 00, 2 ff., 36, 39; insbes. eines Ausländers 32 f.
Sicherungsmaßregeln beim Tode eines Beamten 99, 549 f.
Siebenergeheimnis bei Abmarkung von Grundstücken 01, 120.

Siegel s. Amtssiegel, Dienstsiegel, Gerichtssiegel.
Siegelungen durch Gerichtsvollzieher **99,** 533; **00,** 760 ff. — behufs Nachlaßsicherung **00,** 3 ff., 7 ff., 32 — s. a. Protokoll.
Signalement s. Personalbeschreibung.
Sitze und **Zahl** der Notariate **99,** 733 ff. — der Gewerbegerichte **00,** 609 ff.
Sitzungen der Schwurgerichte s. Sitzungsperioden.
Sitzungsdienst der Gerichtsvollzieher **99,** 522.
Sitzungskleidung der Rechtsanwälte **96,** 393 f.
Sitzungsperioden der Schwurgerichte, Vorbereitung **79,** 354 ff.; **81,** 187 ff; **01,** 43 ff.
Sitzungsprotokoll, Festsetzung des Zeitpunktes der Urteilsverkündung im S. für Strafsachen **96,** 44.
Sofortige Beschwerde gegen Beschlüsse und Verfügungen der Registergerichte **99,** 810, 811, 813, 839, 851, 855, 912, 1027, 1029, 1033.
Soldaten, Zustellung von Amtswegen an S. **99,** 480, 482, 487, 488, 5'9; desgl. im Parteiauftrage **00,** 626, 627 f., 633, 634, 638.
Sollberichtigung in den Gebührenregistern **00,** 382 f.
Sollstellung, der Gebühren nach § 57 des Börsengesetzes **96,** 392 — der örtlichen Besitzveränderungsabgabe **98,** 199 f. — der Vormundschaftsgebühren und Hinterlegungsgebühren **00,** 211 — der Gebühren, Auslagen rc. im Gebührenwesen **00,** 350 — der örtlichen Besitzveränderungsabgabe der Gemeinden **00,** 359 — der Vorschüsse durch Gerichtsschreiber **00,** 360 — örtliche Revision über S. der Kosten im Gebührenwesen **00,** 377 ff.
Sonn- und Feiertage, Vornahme von Zustellungen und Vollstreckungshandlungen s. Erlaubnis.
Späheausschreiben, Veröffentlichung im Bayerischen Zentralpolizeiblatt **99,** 14.
Sparkassen, Anlegung von Mündelgeld bei öffentlichen bayerischen Sp. **00,** 103, 113 f., 190, 190 f. — s. a. Distriktssparkassen, Gemeindesparkassen.
Speisefette, Probeentnahme **98,** 129.
Sprache s. Amtssprache.
Staaten, Auslieferung von Verbrechern an außerdeutsche St. s. Verbrecher.
Staatsabgaben s. Staatsgebühren.
Staatsanwälte, Obliegenheiten bezüglich der Vorbereitung der Schwurgerichts-Sitzungsperioden **79,** 355 f.; **01,** 44 ff. — Telephonbenützung **96,** 60 f. — Obliegenheiten in bezug auf bedingte Begnadigung Verurteilter **96,** 76 ff., 227 f. — Vollstreckung der durch polizeiliche Verfügung oder Bescheid eines Seemannsamtes festgesetzten Vermögens- bezw. Haftstrafen **96,** 168 — Überwachung der Hypothekenämter in der Pfalz **96,** 189, 311 — Behandlung der Begnadigungsgesuche **96,** 193 f. — Entscheidung über Strafaufschubsgesuche **96,** 226 f. — Überwachung der Anlegung von Strafliſten **96,** 274 — Bestimmungen für die landgerichtlichen St. bezüglich Namensänderungen in der Pfalz **97,** 80 f. — Berichterstattung bei strafrechtlicher Verfolgung von Deutschen bezw. Schweizern wegen der in der Schweiz bezw. in Deutschland begangenen Verbrechen oder Vergehen an das K. Justizministerium **97,** 245 f. — Überwachung der Beobachtung der den Notaren in bezug auf Grundentlastung obliegenden Bestimmungen **98,** 83 — Vorlage kostenfreier Abschriften von auf die Nahrungsmittel- oder Gesundheitspolizei an das K. Justizministerium **99,** 139 — Behandlung der Gesuche um Stundung der Zahlung von Geldstrafen und um Gestattung der Entrichtung der Geldstrafen in Teilbeträgen **99,** 299 f. — Bewirkung der Zustellungen von Amtswegen in Strafsachen **99,** 495 ff. — Zuständigkeit der landgerichtlichen St. nach der Zuständigkeitsverordnung **00,** 98, 101, 106, 107, 108, 109 — rechnerische Behandlung der bei denselben anfallenden Gebühren, Geldstrafen, Auslagen und durchlaufenden Geldern **00,** 340 ff. — Entgegennahme und Instruktion von Gesuchen um Stundung von Geldstrafen durch St. **00,** 299 ff. — Vorlage einer Abschrift der Entscheidung, durch welche ein Strafverfahren bezüglich des sogenannten Hydrasystems geschlossen wurde **01,** 641 f. — s. a. Geschäftsausweise, Mitteilung, Staatsanwaltschaft, Untersuchungsanstalten.
Staatsanwaltschaften, Telephonbenützung **96,** 60 f. — Erlernung der Stenographie seitens des Personals der staatsanwaltschaftlichen Kanzleien **97,** 115 f. — unentgeltliche Lieferung des Deutschen Fahndungsblattes **99,** 90 f., 92 — Gleichstellung der St. bei den Landgerichten mit den Distriktsverwaltungsbehörden im Sinne des Art. 199 des Gesetzes über das Gebührenwesen **00,** 336 — Geschäftsausweise **00,** 1271 ff.

— Erholung des Gutachtens eines öffentlichen Arztes über die Arbeitstüchtigkeit einer der Landespolizeibehörde überwiesenen Person **01**, 283 — Aushändigung von Akten und Aufschlußerteilung an die St. durch die Eisenbahndirektionen **01**, 458 — s. a. Sekretäre, Staatsanwälte.

Staatsbehörden s. Bekanntmachungen.

Staatsdienst s. Justizstaatsdienst.

Staatsgebäude, Schmückung **00**, 1119 f.

Staatsgebühren (Staatsabgaben) für Gerichtsvollzieherakte **96**, 117 f.; **99**, 1157 f., 1165, 1168; **00**, 645, 753, 757, 760; **01**, 590 f. — Erhebung ꝛc. im Gebührenwesen **00**, 336 ff., 343 ff. — Tantieme aus perzipierten und verrechneten St. **00**, 339 f., 354.

Staatsgebührenregister der Notare **00**, 351, 461 (Form. 391 ff.).

Staatskasse, Übernahme der Grundgefälle von Privaten, Stiftungen oder Gemeinden durch die St. **98**, 85 ff., 82 ff., 96 ff., 99 ff. — Bestreitung der Kosten für die Geschäftsräume des Gerichtsvollziehers **99**, 520 — Erhebung der Gebühren und Auslagen des Gerichtsvollziehers für die St. **99**, 523 — Zahlung der Reiseentschädigungen des Gerichtsvollziehers aus der St. **99**, 524 — Einbehaltung des Gebührenanteils des Gerichtsvollziehers für die St. **99**, 525 — Gestattung der Benützung eines Fuhrwerks durch den Gerichtsvollzieher auf Kosten der St. **99**, 525 — Ersatz der Gebühren und Auslagen der Notare für im Auftrage der Gerichte vorgenommene Staatsgeschäfte aus der St. **00**, 351, 461, 463 ff. — Zahlungen aus der St. an auswärtige Empfangsberechtigte im Postanweisungsverkehr **00**, 584 ff., 1018 ff.; **01**, 173 f., 257 — Vergütung der Tagegelder und Reisekosten der Notare für auswärtige Dienstgeschäfte in Armensachen **01**, 207 f.; desgl. der zu auswärtigen Dienstgeschäften eines Notariatsverwesers zugezogenen Protokollführer **01**, 206 f.

Staatskommissäre bei den Börsen in München und Augsburg **96**, 372, 373; **97**, 2.

Staatsministerium des K. Hauses und des Äußern, Erteilung der Genehmigung zur Ausgabe von Schuldverschreibungen der Verkehrsunternehmungen **96**, 114 — Zuständigkeit nach der Zuständigkeitsverordnung **00**, 97 f., 98 f., 99, 104.

— des Innern, Ermächtigung zur Erlassung von Normativ-Bestimmungen über die Ausgabe einzelner Gattungen von Schuldverschreibungen auf den Inhaber **96**, 114 — Wahrnehmung der der Landesregierung im Börsengesetze überwiesenen Befugnisse **96**, 371 f. — Bestellung und Entlassung der Kursmakler **96**, 373 — Genehmigung zur Erhebung der örtlichen Besitzveränderungsabgabe **98**, 195 f. — Zuständigkeit nach der Zuständigkeitsverordnung **00**, 97 f., 98, 99, 100.

s. a. Finanzministerium, Justizministerium.

Staatsschuldentilgungskommission, Mitteilung beim Aufgebot von Bayerischen Staatsschuldverschreibungen auf den Inhaber an die St. **96**, 114.

Staatsschuldverschreibungen, Bayerische, auf den Inhaber lautende, Aufgebot **96**, 114 — s. a. Umschreibung.

Staatsverträge, in denen Bestimmungen über internationale Nachlaßbehandlung enthalten sind, Verzeichnis **00**, 33, 81 ff.

Stadtamhof, Übertragung der Besorgung des gerichtlichen Hinterlegungswesens für den Bezirk des Amtsgerichts dortselbst an die K. Bank **99**, 1115.

Standesämter s. Postsendungen.

Standesamtsbezirke in München **01**, 6 f.

Standesbeamte, Obliegenheiten der St. in der Pfalz beim Eheabschluß bayerischer Staatsangehöriger, die in der Pfalz beheimatet sind, in Ungarn **96**, 116 f. — Eintrag von Vornamen in die Standesregister der Pfalz **96**, 395 — Obliegenheiten bezüglich Namensänderungen **97**, 82 f.; in der Pfalz **97**, 81 — Bestimmungen bezüglich der Eheschließung **99**, 359 ff. — Anzeigen von Geburten, Verehelichungen und Todesfällen an die Amtsgerichte **99**, 578 ff.; **00**, 1 f. — Amtsführung der Standesbeamten in der Pfalz **99**, 1221 ff. — Anzeige über Bestellung eines Vormunds an das Amtsgericht **00**, 182 f. — Mitteilung der Anerkennung der Vaterschaft zu einem unehelichen Kinde an St. **00**, 186 (Form. 237) — Anweisung der St. zur Vornahme einer Amtshandlung **00**, 864 ff. — Gebührenpflicht der Amtshandlungen der St. **00**, 914 ff. — s. a. Anweisung zum Vollzuge des Personenstandsgesetzes.

Standesregister, Eintrag von Vornamen in die St. der Pfalz **96**, 395 — Vormerkung der Namensänderung in den St. **97**, 82 f.; **00**, 860 f.; in der Pfalz **97**, 81; **00**, 861 f. — Führung **99**, 1222 ff.; insbes. Berichtigung 1240 f.

Statistik bezüglich des Hypothekenverkehrs **96**, 362; für 1895: **96**, 170 f. — der Vormundschaften, Pflegschaften und Beistandschaften sowie der Nachlaß- und Teilungssachen **00**, 486 ff. — des Genossenschaftswesens **00**, 969 ff. — der Anmeldungen für das Grundbuch in den Landesteilen rechts des Rheins **01**, 503 (Form. 523) — über die Arbeitsthätigkeit in den Strafanstalten s. Übersicht — s. a. Gefängnisstatistik, ferner Dispensationsgesuche, Tabellen.

Statuten s. Satzungen.

Steckbriefe, Veröffentlichung im Bayerischen Zentralpolizeiblatt **99**, 13; desgl. im Deutschen Fahndungsblatt **99**, 90, 91 f., 93 f., 95.

Steckbriefnachrichten 96, 276 f., 280 ff. (Form. 305).

Stellen s. Verzeichnis.

Stellvertreter des Schwurgerichts-Vorsitzenden **79**, 356, 357; **98**, 70 — des Anstaltsleiters in einer Privatirrenanstalt **96**, 38.

Stempel, Benutzung zur Herstellung von Vermerken des Gerichtsschreibers bei Zustellungen von Amtswegen **99**, 479.

Stenographie, Erlernung seitens des Personals der Gerichtsschreibereien und staatsanwaltschaftlichen Kanzleien **97**, 115 f.

Sterbefälle, Beurkundung **99**, 1238 f.

Sterbemonats- u. Sterbenachmonatsraten, Auszahlung **00**, 1153, 1154 f.

Steuergemeinden der Pfalz, in deren Bezirk das Grundbuch für angelegt erklärt ist **01**, 531 ff.

Steuersachen s. Oberberufungskommission, Abonnement.

Stiftungen, Übernahme von Grundgefällen der Stiftungen durch die Staatskasse **98**, 85 ff., 82 ff., 96 ff., 99 ff. — Erteilung der zur Entstehung einer rechtsfähigen St. erforderlichen Genehmigung **00**, 98.

Sträflinge, Bestimmungen bezüglich derselben **98**, 24 f., 25 ff.

Strafakten, Vorlage 2c. bei bedingter Begnadigung Verurteilter **96**, 79, 80, 82, 83, 84, 86, 87.

Strafanstalten, bürgerliche, Verpflegungskosten der Gefangenen in den St. **96**, 329 ff. — Bestimmungen bezüglich derselben **98**, 25 ff. — Jahresberichte **98**, 106 — Zustellung an Gefangene in St. **99**, 500; **00**, 583 — Einlieferungsbezirke **00**, 1149 ff.; **01**, 454 — Errichtung der Strafanstalt Straubing **01**, 453 f., 454 f. — Arbeitsthätigkeit in den St. s. Übersicht.

Strafanstaltsbeamte, Zustellung an Gefangene **99**, 500; **00**, 583.

Strafanstaltsverwaltungen, Telephonbenützung **96**, 61.

Strafantritt in Forstrügesachen **96**, 86; **99**, 497.

Strafaufschub 96, 193 f., 226 f. — behufs bedingter Begnadigung **96**, 71 f., 72 ff.

Strafbefehle in Forstrügesachen **96**, 230 ff.

Strafbescheid eines Seemannsamtes, Vollstreckung der hiedurch ausgesprochenen Haftstrafe durch die landgerichtlichen Staatsanwälte **96**, 168.

Strafbögen s. Strafliſten.

Strafen s. Disziplinarstrafen, Freiheitsstrafen, Geldstrafen, Gesamtstrafen, Haftstrafen, Ordnungsstrafen, Zwangsstrafen.

Strafgefangene, Bestimmungen bezüglich derselben **98**, 24 f., 25 ff. — Zustellungen von Amtswegen an St. **99**, 496 f., 500 f.

Strafgelder, Erhebung und zwangsweise Beitreibung durch Gerichtsvollzieher **99**, 521 — Tantieme aus perzipierten und verrechneten St. **00**, 339 f., 354.

Strafgerichtliche Untersuchungen und **Aburteilungen,** Mitteilung hierüber bei Beamten und öffentlichen Dienern **84**, 209 ff.; **01**, 551; desgl. bei Militärpersonen **96**, 58, 227 f.

Strafgesetzbuch für das Deutsche Reich s. Reichs-Strafgesetzbuch.

Straflisten, Einführung **96**, 274 ff., 279 ff., 333 (Formulare 289 ff.).

Strafnachrichten 96, 273 ff., 279 ff. (Formulare 283 ff., 293 ff., 333) — Austausch von St. mit Österreich **01**, 300 f. — s. a. Mitteilung.

Strafprozeß, Vorlegung und Auslieferung von Akten im St. durch Behörden der K. Verkehrsanstalten **01**, 457, 458.

Strafprozeßordnung für das Deutsche Reich s. Reichs-Strafprozeßordnung.

Strafrechtspflege, Veröffentlichung der Bekanntmachungen für die St. im Bayerischen Zentralpolizeiblatt **99**, 2 ff., 90 f.

Strafregister, Einrichtung **96**, 273 ff., 279 ff., 333; **98**, 23, 24.

Strafregisterauszüge 96, 273 ff., 279 ff. (Formulare 297 ff.) — für jugendliche Personen **96**, 77.

Strafsachen, Zustellungen von Amtswegen **99**, 476, 495 ff.; **00**, 582, 591 — Gerichtsvollzieher für St. **99**, 529 —

Zustellungen durch Gerichtsvollzieher in St. 00, 642 ff. — Mitwirkung der Gerichtsvollzieher in St. 00, 740 ff. — Behandlung des Kostenwesens in gerichtlichen St. 00, 1224 f. — s. a. militärgerichtliche Strafsachen.
Strafsenat des Obersten Landgerichts, Geschäfte 00, 307.
Strafunterbrechung 96, 193; 97, 15 f.
Strafurteile s. Mitteilung.
Strafverfahren, Mitteilung der Ergebnisse von St. an die K. Untersuchungsanstalten für Nahrungs- und Genußmittel 90, 53 f.; 97, 259 f.; 01, 460 f. — Mitwirkung der Gerichtsvollzieher im Strafverfahren 00, 740 ff. — s. a. Hydrasystem.
Strafverfolgung von Deutschen wegen in der Schweiz begangenen Verbrechen oder Vergehen und von Schweizern wegen der in Deutschland begangenen Verbrechen oder Vergehen 97, 244 f.
Strafverfügungen, polizeiliche, Rechtshilfe bei Vollzug solcher 96, 167 f., 168.
Strafvollstreckung, Aufschub behufs bedingter Begnadigung 96, 71 f., 72 ff.; 97, 15 f. — Bestimmungen hierüber 98, 24 f., 25 ff. — s. a. Strafvollzug.
Strafvollstreckungsgefängnisse, Zustellungen von Amtswegen an Gefangene 99, 500 f.
Strafvollzug gegen Militärpersonen 91, 31 ff.; 96, 227; 00, 1147 ff., 1149 ff; 01, 592 f. — gegen Verurteilte, denen die beantragte bedingte Begnadigung nicht gewährt wurde 96, 77 ff., 86 — in Übertretungssachen, Beiblatt zum Zentralpolizeiblatt hiefür 99, 15 — s. a. Strafvollstreckung, bedingte Begnadigung.
Strafvollzugskosten 01, 379 f.
Strafzeit, Berechnung 96, 44.
Straubing, Hinterlegungswesen für den Bezirk des Amtsgerichts dortselbst 01, 3 — Errichtung einer Strafanstalt dortselbst 01, 453 f., 454 f.
Streitfragen über die Pflicht zur Entrichtung von Gebühren und Auslagen oder über deren Größe 00, 336, 342, 387 ff.
Streitige Gerichtsbarkeit s. Übersicht, Zusammenstellung.
Streitigkeiten bei Abmarkung von Grundstücken, Zuständigkeit und Verfahren hiebei 01, 96 f., 127 ff. — s. a. Rechtsstreitigkeiten, bürgerliche.
Striche zur Ausfüllung von Zustellungsurkunden des Gerichtsdieners 99, 488.
Studierende der Hochschulen ꝛc., Mitteilung über Strafanzeigen und strafrechtliche Untersuchungen sowie Verurteilungen gegen St. an die Rektorate 97, 230.
Studium s. Rechtsstudium.
Stumme, Beteiligung bei Notariatsgeschäften 99, 628 f., 629, 644 f., 673.
Stunden s. Amtsstunden, Geschäftsstunden.
Stundung der örtlichen Besitzveränderungsabgabe 98, 196, 200 — der Geldstrafen 00, 299 ff. — der Hinterlegungsgebühr 00, 306.
Sturz s. Kassesturz.
Subalternbeamte, Dienstkleidung 97, 165.
Subhastationsakten, Prüfung bei der örtlichen Revision 00, 378.
Subhastationsverfahren, Portofreiheit bezw. Portopflicht bei Zustellungen von Amtswegen in S. 00, 591.
Süßstoffe, Mitteilung der Ergebnisse der Anzeigen wegen Verfehlungen gegen das Reichsgesetz vom 6. Juli 1898 über den Verkehr mit künstlichen S. an die K. Untersuchungsanstalten für Nahrungs- und Genußmittel 01, 460 f. (Form. 463 ff.).
Suspension der Gerichtsvollzieher 99, 527.
Sustentationen der gemäß Art. 88 und 89 des Notariatsgesetzes vom 9. Juni 1899 vom Amte enthobenen Notare, Verrechnung 01, 178.

T.

Tabellen zu den Geschäftsübersichten der Gerichtsvollzieher 99, 1195 — zur Statistik in den Angelegenheiten der freiwilligen Gerichtsbarkeit 00, 486 ff. (Formulare 491 ff.) — zu den Geschäftsausweisen der Gerichte und Staatsanwaltschaften 00, 1271 ff.
Tag, Vermerk des T. der Zustellung von Amtswegen auf dem Briefumschlag des zuzustellenden Schriftstücks durch den Gerichtsdiener 99, 488, 498; durch den Postboten 99, 490 — Angabe des T. in Eingaben von Privaten an öffentliche Stellen und Behörden 01, 364; desgl. in den Reinschriften sämtlicher Berichte, Schreiben und Erlasse 01, 365 — s. a. Anmeldungstage.
Tagebuch der amtsgerichtlichen Hinterlegungsstellen 99, 1081 f. (Form. 1097 ff.) — besonderes T. der Gerichtsschreiber über die von ihnen eingehobenen, in den Gebührenregistern zur Verrechnung gelangenden Gelder 00, 362 — für die Grundbuchämter in der Pfalz 00, 1058 f.

(Form. 1063 ff.) — für das Anmeldungsverfahren zum Grundbuch in den Landesteilen rechts des Rheins 01, 493.

Tagegelder und **Reisekosten** der Schwurgerichtsvorsitzenden 79, 357 — der Notariatsverweser 01, 181 — der Vormundschaftsrichter für Teilnahme an den nicht am Gerichtssitze stattfindenden Waisenratsversammlungen 01, 183 — der zu auswärtigen Dienstgeschäften von dem Notariatsverweser zugezogenen Gerichtsschreibereibediensteten 01, 206 f. — der Notare bei auswärtigen Dienstgeschäften in Armensachen 01, 207 f.

Tantiemen der Notare und Rentamtmänner von den perzipierten und der bezugsberechtigten Gemeinde verrechneten örtlichen Besitzveränderungsabgaben 98, 202 — der rechnungsführenden Gerichtsschreiber an Amtsgerichten bezüglich der Besorgung des Gebührenwesens der Gerichtsvollzieher 99, 525; 01, 590 — für die Besorgung des Gebührenwesens ꝛc. 00, 339 f., 354, 359, 390; 01, 175, 193 ff. — s. a. Nebenrechnungen.

Tarif s. Gebührentarif.

Taube, Beteiligung bei Notariatsgeschäften 99, 629, 664 f., 673.

Tauschverträge, Erhebung einer örtlichen Besitzveränderungsabgabe 98, 196, 198 f.

Teilbeträge s. Geldstrafen.

Teilleistung des Schuldners bei der Zwangsvollstreckung 00, 670, 677.

Teilungen, Vornahme von T. durch Notare 99, 682 ff. — Tabelle zur Statistik für Teilungssachen 00, 486 ff. (Form. 497 f.) — Portopflicht bezw. Portofreiheit der Zustellungen von Amtswegen in Teilungssachen 00, 591, 592.

Teilungsakten in Nachlaßsachen 00, 37 ff.

Telegraph, Verkehr der Gerichte mittels T. bei Auffindungen von Leichen 00, 581 f. — s. a. Meldung.

Telegraphengebühren, rechnerische Behandlung 00, 364.

Telephon, Benützung bei den Justizbehörden 96, 60 f; desgl. im amtlichen Verkehr 01, 369 — Verkehr der Gerichte mittels T. bei Auffindung von Leichen 00, 581 f. — s. a. Meldung.

Termine der Zwischenprüfung und der ersten Prüfung für den höheren Justiz- und Verwaltungsdienst 99, 201 — in Nachlaßsachen 00, 12, 13 f., 25, 25 f., 26, 29 f., 37 f. — in Vormundschaftssachen 00, 185, 198, 211 — Verteilung von T. für wiederkehrende Vorlagen im amtlichen Verkehr 01, 368.

Terminsfestsetzung, Erwirkung durch Gerichtsvollzieher 99, 521, 536, 1168.

Terminskalender der Notariate 99, 610 — der Gerichtsvollzieher 99, 1159, 1176, 1182, 1185 — für Nachlaßsachen 00, 37 — für Vormundschaftssachen 00, 38, 211 f. — für das Grundbuch-Anmeldungsverfahren in den Landesteilen rechts des Rheins 01, 493.

Terminsvorladungen, Nichtaufnahme der Ersuchen um Behändigung von T. in das Deutsche Fahndungsblatt 99, 95.

Testamente, Notariatsgebühren für Verwahrung und Eröffnung von T. 99, 774 f. — Eröffnung 99, 679 ff., 605, 662, 677; 00, 11 ff., 471 f., 500 ff.; 01, 381 f. — Auffindung bei Nachlaßsicherung 00, 6 — Mitteilung von der Testamentseröffnung an das Rentamt 00, 471 f. — s. a. Dorftestamente, ferner Errichtung, Übergabe, Übernahme, Verwahrung, Zurücknahme.

Testamentsregister der Notariate 99, 605 ff. (Form. 707 ff.).

Testamentsvollstrecker s. Zeugnis.

Text von Notariatsurkunden 99, 635 ff.

Thätigkeit s. Arbeitsthätigkeit.

Thatsachen, Notariatsgebühren für die Beurkundung von Th. 99, 766 ff.

Thüre, Befestigung einer Anzeige über die durch Niederlegung bewirkte Zustellung von Amtswegen an der T. der Wohnung des Zustellungsempfängers 99, 484; desgl. bei Zustellungen im Parteiauftrage 00, 630, 634 — Öffnung verschlossener T. bei der Zwangsvollstreckung 00, 667.

Tiere, Fütterung gepfändeter T. 00, 757 f.

Titel, Weglassung persönlicher T. von Einzelbeamten, die eine Behörde vertreten, in der Adresse amtlicher Schreiben 01, 366.

Tod s. Todesfälle.

Todesanzeigen, Erstattung an die Amtsgerichte 99, 578 ff.; 00, 1 f. — Behandlung beim Nachlaßgericht 99, 35 f., 37; desgl. beim Vormundschaftsgericht 00, 206 f. — s. a. Verzeichnis.

Todeserklärung, Zuständigkeit für das Aufgebotsverfahren zum Zwecke der T. von Bayerischen Staatsangehörigen, die einen Wohnsitz im Deutschen Reich nicht gehabt haben 00, 582.

Todesfälle, Anfragen um Auskunft über das Ableben von deutschen Reichsangehörigen in Ungarn beim Kaiserlichen Generalkonsulat in Budapest 96, 391 f. — Sicherungsmaßregeln beim Tode eines Beamten 99, 549 ff. — Katasterumschreibung aus Anlaß von T. 01, 443 ff.

Töchterkasse für Staatsdiener s. Unterstützungsverein.
Transport s. Überführung.
Traunstein, Errichtung einer Gerichtsvollzieherei beim Amtsgericht dortselbst 01, 535.
Trockenschrift, Unzulässigkeit des Gebrauchs der Tr. in Zustellungsurkunden des Gerichtsdieners 99, 488 — desgl. in Urkunden der Gerichtsvollzieher 99, 1148.

U.

Überführung von Militärpersonen an Zivilgerichtsbehörden 97, 229 f.
Übergabe von Testamenten durch Notare 99, 605, 606; an Notare 99, 672 ff. — von Dorftestamenten 01, 22 — s. a. Grundstücke.
Übernachtungsgebühren der Gendarmeriemannschaft außerhalb der Station 99, 332 f., 333.
Übernahme von Testamenten durch Notare 99, 672 ff. — von Urkunden zur Verwahrung durch Notare 99, 688 — von Geldern, Wertpapieren und Kostbarkeiten durch Notare 99, 689 — von Dorftestamenten 01, 22 f. — s. a. Amtsübernahme.
Überschriften in Notariatsurkunden 99, 643, 645, 646.
Übersendung mittelst einfachen oder eingeschriebenen Briefs zum Zwecke der Bekanntmachung gerichtlicher Verfügungen in Angelegenheiten der freiwilligen Gerichtsbarkeit 99, 493 f., 494 — der Bestallung an den Vormund oder Pfleger 00, 195 (Form. 241); desgl. an den befreiten Vormund 00, 195 (Form. 243).
Übersicht über die Arbeitsthätigkeit in den Strafanstalten und Arbeitshäusern des Königreichs für 1894: 96, 55 ff.; für 1895: 97, 286 f.; für 1896: 98, 130 ff.; für 1897: 98, 694 ff.; für 1898: 99, 102 ff.; für 1899: 00, 799 ff.; für 1900: 01, 298 ff. — über das zur Vernichtung bestimmte Aktenmaterial 97, 53 — über die Beteiligung der einzelnen Examinatoren an der Zwischenprüfung und der ersten Prüfung der Rechtskandidaten 99, 226 f. (Form. 283) — der Beschäftigung der Rechtspraktikanten während des Vorbereitungsdienstes bei den Gerichten 99, 240 (Formulare 303 ff., 307 ff.) — tabellarische, der von der Zensurkommission den Kandidaten bei der zweiten Prüfung für den höheren Justiz- und Verwaltungsdienst für die Bearbeitung von Aufgaben erteilten Noten 99, 253 f. (Form. 325 f.) — summarische, des rechnungsführenden Gerichtsschreibers über den Gebührenanfall der Gerichtsvollzieher 00, 375, 376, 381, 383 (Form. 447) — der Geschäfte der ordentlichen streitigen Gerichtsbarkeit bei den Amtsgerichten 00, 1271 (Form. 1287 ff.); desgl. bei den Landgerichten 00, 1277 (Form. 1331 ff.); s. a. Zusammenstellung — der Geschäfte der freiwilligen Gerichtsbarkeit und der Geschäfte in Rechtshilfe- und Hinterlegungssachen bei den Amtsgerichten 00, 1271 ff. (Form. 1295 ff.); s. a. Zusammenstellung — der Ergebnisse des Forstrügeverfahrens bei den Amtsgerichten 00, 1273 f. (Form. 1301 f.); s. a. Zusammenstellung — über die Geschäfte der Gerichtsvollzieher 00, 1274 (Form. 1303); s. a. Zusammenstellung — der Geschäfte der streitigen und der freiwilligen Gerichtsbarkeit bei den Oberlandesgerichten 00, 1278 (Form. 1363 ff.) — der Geschäfte der ordentlichen streitigen Gerichtsbarkeit bei den Oberlandesgerichten und bei den Gerichten und Staatsanwaltschaften im Bezirk des Oberlandesgerichts 00, 1278 f. — der Geschäfte der streitigen, freiwilligen Gerichtsbarkeit bei dem obersten Landesgericht 00, 1279 — der vom Amtsgericht durch Strafbefehle oder Urteile rechtskräftig abgeurteilten Übertretungen mit Ausschluß der Forstrügesachen 00, 1279 (Form. 1367 ff.) — der von dem Schwurgericht, dem Landgericht und von den Amtsgerichten des Landgerichtsbezirks rechtskräftig abgeurteilten Übertretungen mit Ausschluß der Übertretungen in Forstrügesachen 00, 1279 (Form. 1369 ff.) — der wegen Vergehen gegen Landesgesetze rechtskräftig abgeurteilten Personen 00, 1280 (Form. 1377); s. a. Zusammenstellung — der von den Gerichten des Oberlandesgerichtsbezirks wegen Vergehen gegen reichsgesetzliche Vorschriften über die Erhebung öffentlicher Abgaben und Gefälle rechtskräftig abgeurteilten Personen 00, 1281 f. — der im ordentlichen sowie im Forstrügeverfahren rechtskräftig zu Strafe verurteilten Personen 00, 1283 f. (Form. 1379); s. a. Zusammenstellung — über den Zu- und Abgang von geprüften Rechtspraktikanten im Bezirke eines Landgerichts 01, 68 (Form. 75) — der Ergebnisse der ersten juristischen Prüfung vom Jahre 1896 bis 1900: 01, 77 — über die Ergebnisse der zweiten juristischen Prüfung in den Jahren 1890 bis 1899 und über die Anstellung der in diesen Jahren ge-

prüften Rechtspraktikanten im Justizstaatsdienste, sowie die Zulassung derselben zur Rechtsanwaltschaft **01**, 79 f. — über die in den Jahren 1896 bis 1900 mit Bewerbern von juristischer Vorbildung zu besetzenden Stellen des Justizdienstes einschließlich der Rechtsanwälte und über die in den genannten Jahren erfolgten ersten Anstellungen von geprüften Rechtspraktikanten im Justizdienste, sowie über die im gleichen Zeitraum erfolgten Zulassungen zur Rechtsanwaltschaft **01**, 81 — über die Zahl der am 31. Dezember 1900 bei den Justizbehörden und Rechtsanwälten in Praxis befindlichen geprüften Rechtspraktikanten sowie über jene Rechtsanwälte, welche noch als Staatsdienstadspiranten anzusehen sind **01**, 82 — über die Zahl der geprüften Rechtspraktikanten, die bis zum 1. Januar 1901 um die erste Anstellung als Sekretär oder III. Staatsanwalt an einem Gericht rechts des Rheins nachgesucht und eine solche Stelle noch nicht erlangt haben **01**, 83 — über die Zahl derjenigen Bewerber, welche zur Zeit im rechtsrheinischen Bayern die Anstellung als Amtsrichter anstreben **01**, 84 f. — über die Zahl derjenigen Bewerber, welche zur Zeit im rechtsrheinischen Bayern die Anstellung als Notar anstreben **01**, 86 — der in Bayern bestehenden Gewerbegerichte **01**, 291 ff. — der von den Gerichten entfalteten Thätigkeit in Notariatsdisziplinarsachen **01**, 325 f. — der auf grund des Notariatsgesetzes gegen Notare und Notariatsverweser ergangenen Ordnungsstrafen **01**, 325 f. — statistische, der im Grundbuch-Anmeldungsverfahren in den Landesteilen rechts des Rheins erfolgten Anmeldungen **01**, 503, 523 — der Steuergemeinden der Pfalz, in welchen das Grundbuch für angelegt erklärt ist, nach dem Stande vom 1. August 1901: **01**, 531 ff. — s. a. Beschäftigungsübersicht, Geschäftsübersichten, Hauptübersicht, Vermögensübersicht, ferner Dispensationsgesuche, Nachweisung, Pensions- und Unterstützungsverein, Unterstützungsverein.

Übersichtlichkeit der Notariatsurkunden **99**, 641 ff.

Übertragung eines Geschäftsauftrags auf einen anderen Gerichtsvollzieher **99**, 522 — von rückständigen Gebühren und Auslagen der Gerichtsvollzieher in die Gebührenregister **00**, 378, 383 — s. a. Bank.

Übertretungen, Nichtaufnahme von Steckbriefen zum Zwecke der Verfolgung einer Ü. ins Deutsche Fahndungsblatt **99**, 95 — s. a. Mitteilung, Übersicht.

Übertretungssachen, Beiblatt zum Zentralpolizeiblatt für den Strafvollzug in Ü. **99**, 15 — s. a. Übersicht.

Überweisung von schuldigen Gebührenbeträgen an das Rentamt zur Zwangsbeitreibung **00**, 352; insbes. durch Notare **00**, 357, 358; durch Gerichtsschreiber **00**, 362; durch Notariatsverweser **00**, 371.

Übungen, exegetische und praktische, an den Universitäten in bezug auf Rechtswissenschaften **97**, 79; s. a. **99**, 197 ff. — Einberufung der Beamten und Bediensteten des Justizressorts zu militärischen Übungen **01**, 321.

Umfang der Eintragung in das Handelsregister **99**, 856 ff.

Umschläge zum Register für Zustellungen von Amtswegen **99**, 478 — zu den Schlüsselduplikaten der Notariatssiegel **99**, 611 — zu Notariatsurkunden **99**, 612, 613, 614 — zu den Akten und Belegen der Gerichtsvollzieher **99**, 1178, 1179, 1180 — zu den Nachlaß- und Teilungsakten **00**, 37, 38 f. — zu den Akten für das Register der Angelegenheiten der freiwilligen Gerichtsbarkeit **00**, 91, 92 — zu den Vormundschaftsakten **00**, 207, 208, 209 — zu den Gebührenregistern **00**, 352 — Verwendung von U. zur Versendung von amtlichen Schriftstücken **01**, 368 — s. a. Briefumschlag, Papierumschläge.

Umschreibung der auf den Inhaber lautenden Staatsschuldverschreibungen auf den Namen des Berechtigten **99**, 455, 456 ff. — von Inhaberpapieren auf den Namen des Mündels in Vormundschaften **00**, 192 f., 193 — s. a. Katasterumschreibung.

Unbekannte Personen, Veröffentlichung der Beschreibung aufgefundener unbekannter Personen oder Leichen im Bayerischen Zentralpolizeiblatt **99**, 14.

Unbewegliche Sachen, Zwangsvollstreckung zur Erwirkung der Herausgabe solcher **00**, 721 ff.

Unbewegliches Vermögen, Zwangsvollstreckung in dasselbe **00**, 728 ff.

Uneheliche Kinder, Vormundschaft hierüber **00**, 185 ff.

Uneheliche Mutter und Vater, Ladung **00**, 185 ff.

Uneinbringlichkeit von Gebühren und Auslagen der Gerichtsvollzieher **99**, 1154, 1170, 1184, 1190; **00**, 378 — rechne-

5*

rische Behandlung uneinbringlicher Auslagen 00, 383.
Unfälle s. Bauunfälle.
Ungarn, Eheschließung bayerischer, in der Pfalz beheimateter Staatsangehörigen in U. 96, 116 f. — Verpflichtung der vor ungarischen Gerichten als Kläger auftretenden Ausländer zur Sicherheitsleistung 96, 159 f. — Anfragen um Auskunft über das Ableben von deutschen Reichsangehörigen in U. beim Kaiserlichen Generalkonsulat in Budapest 96, 391 f. — Mitteilung einer Strafnachricht an die ungarische Regierung 01, 301 — s. a. Österreich.
Universitäten, Vorlesungen an den U. in bezug auf Rechtswissenschaft 97, 77 ff.; 99, 196 ff.
Universitätsbeamte, Beitritt pragmatisch angestellter U. zum Allgemeinen Unterstützungsverein und zur Töchterkasse 97, 185 ff.
Unmittelbare Zustellung durch die Gerichtsvollzieher im Parteiauftrage 00, 627 ff.; s. a. 99, 523, 1147, 1155 f., 1156, 1163; 00, 623, 624 ff., 710.
Unselbständige Personen, Zwangsvollstreckung zur Erwirkung der Herausgabe solcher 00, 723.
Unsichere Heerespflichtige, Veröffentlichung der Ausschreibung solcher im Zentralpolizeiblatt 99, 14.
Unterbrechung des Vorbereitungsdienstes und der Praxis der Rechtspraktikanten 99, 227, 228, 241 — s. a. Strafunterbrechung.
Unterbringung von Strafgefangenen 98, 25 ff. — jugendlicher Personen in Erziehungsanstalten gemäß § 56 des Strafgesetzbuchs 01, 565 f. — einer verurteilten Person in einem Arbeitshause s. Nachhaft, korrektionelle.
Unterfertigung im schriftlichen Verkehr der öffentlichen Stellen und Behörden 01, 364, 365 — in Eingaben von Privaten an öffentliche Stellen und Behörden 01, 365.
Unterhaltsbeiträge für die nichtrechtskundigen Notariatsgehilfen 01, 179.
Unternehmen, Anmeldungen zum Handelsregister 99, 819 ff. — Eintragung der Firma des Inhabers von U. in das Handelsregister 99, 856, 857, 858 — s. a. Verkehrsunternehmungen.
Unteroffiziere, Zustellung von Amtswegen an U. 99, 480, 482, 487, 488, 509; desgl. im Parteiauftrag 00, 626, 627 f., 633, 634, 638.
Unterredungen im amtlichen Verkehr, Aktenvormerkung hierüber 00, 369.
Unterricht für Strafgefangene 98, 32.
Unterschrift der Hypothekenbeamten bei den Einträgen in das Hypothekenbuch 98, 279 f. — des Gerichtsdieners in der Zustellungsurkunde 99, 488 — der bei Notariatsgeschäften Beteiligten 99, 647ff. — des Notars 99, 648, 694 — des Registerrichters 99, 867, 868, 871, 906, 989, 1013 — Leserlichkeit der U. in amtlichen Schriftstücken 01, 368 — s. a. Namensunterschrift, Zeichnung.
Unterschriftsbeglaubigung durch Notare 99, 663 ff. — Notariatsgebühren hiefür 99, 771 f.
Unterstreichungen in Vormundschaftsakten 00, 210, 211.
Unterstützungen für das Kanzleipersonal bei den Notariaten 00, 1100, 1115; 01, 178 f.
Unterstützungsverein, allgemeiner, für die Hinterlassenen der K. B. Staatsdiener und die hiemit verbundene Töchterkasse, Bericht über die XV. ordentliche Generalversammlung 96, 165 ff.; desgl. XVI. Generalversammlung 99, 140 ff.; desgl. XVII. Generalversammlung 01, 426 ff.; desgl. über die außerordentliche Generalversammlung vom 18. Dezember 1899: 00, 307 ff. — Mitteilung der Ergebnisse der Generalrechnung für 1895: 96, 375 ff.; für 1896: 97, 263 ff.; für 1897: 98, 671 ff.; für 1898: 99, 411 ff.; für 1899: 00, 1229 ff.; für 1900: 01, 651 ff. — Übersicht über die Zahl der Mitglieder und Unterstützten für 1895: 96, 380 ff.; für 1896: 97, 268 ff.; für 1897: 98, 676 ff.; für 1898: 99, 406 ff.; für 1899: 00, 1234 ff.; für 1900: 01, 658 ff. — Einleitung einer rechnerischen Erhebung über die Leistungsfähigkeit des Vereins 00, 827 f., 828 ff.— Revision der Satzungen 00, 1187 f., 1188 ff. — s. a. Pensions- und Unterstützungsverein.
Untersuchungen s. Brandstiftung, Strafgerichtliche Untersuchungen, ferner Mitteilung.
Untersuchungsanstalten für Nahrungs- und Genußmittel 97, 1 f. — Benachrichtigung der U. durch die Staatsanwälte und Amtsanwälte über die Ergebnisse der Anzeigen wegen Verfehlungen in bezug auf Nahrungs- und Genußmittel, sowie Gebrauchsgegenstände &c. 97, 259 f.. 01, 460 ff. — s. a. Beamte, München.
Untersuchungsgefangene, Zustellungen von Amtswegen in Strafsachen an U. 99, 496 f., 500 f.
Untersuchungshaft, Anrechnung 96, 44.

Untersuchungsrichter, Benützung reiner Güterzüge 98, 119 f. — unentgeltliche Lieferung des Deutschen Fahndungsblattes an U. 99, 90 f., 92.

Unterwerfungserklärung des unehelichen Vaters unter die sofortige Zwangsvollstreckung 00, 186 f.

Unterwürfigkeitsformeln, Wegfall im gesamten schriftlichen Verkehr der öffentlichen Stellen und Behörden 01, 364 — in Eingaben von Privaten an öffentliche Stellen und Behörden 01, 365.

Unterzeichnung von Notariatsurkunden 99, 647 ff. — der Ausfertigungen des Vormundschaftsgerichts und derjenigen Protokolle, die eine rechtsgeschäftliche Erklärung enthalten 00, 206.

Urheberrecht an Mustern und Modellen, Vollzug des Reichsgesetzes vom 11. Jan. 1876: 99, 973 ff., 981, 981 f., 982 ff.; 00, 613 f., 1134.

Urkunden über Zustellung von Erklärungen außerhalb des Prozesses 96, 117 f. — Anwendung der Benennungen der Maß- und Gewichtsordnung vom 17. August 1868 in öffentlichen U. 96, 394 — über die Genehmigung von Namensänderungen 97, 82; in der Pfalz 81 — Sammlung, Ordnung und Verwahrung der U. der Notariate 99, 610 ff. — Übernahme von U. zur Verwahrung durch Notare 99, 688 — Verwahrung bei den amtsgerichtlichen Hinterlegungsstellen 99, 1058, 1063, 1065, 1089 — der Gerichtsvollzieher 99, 1148 ff., 1160, 1167, 1182 — Behandlung der im Grundbuch-Anmeldungsverfahren für die Landesteile rechts des Rheins vorgelegten U. 01, 509 f. — s. a. Aufnahmsurkunde, Geburtsurkunden, Notariatsurkunden, Privaturkunden, Zustellungsurkunde, ferner Beglaubigung.

Urkundensammlung, allgemeine, der Notariate 99, 611 f., 646, 654, 660 f., 681, 688, 734; 00, 501.

Urkundsperson, Verrichtung einer solchen im Konkursverfahren durch Gerichtsvollzieher 99, 533, 1193; 00, 760, 761 f.

Urlaub der Rechtspraktikanten 99, 241 — der Gerichtsvollzieher 99, 523, 527 — der Notare und Notariatsverweser 99, 694 ff.

Urlaubsgesuche, Gebührenfreiheit 00, 348.

Urschriften, Abgabe von Urschriften der in eine Strafliste übertragenen Vermerke an das Rentamt 98, 23 — des von Amtswegen zuzustellenden Schriftstücks 99, 479, 496 — von Notariatsurkunden 99, 635, 635 ff., 646, 660 f., 688, 690, 691, 693, 778 — Abgabe von U. der Notariatsurkunden 99, 653 ff. — Beifügung der U. von Schriftstücken bei Anmeldung zum Handelsregister 99, 842 ff. — der Urkunden der Gerichtsvollzieher 99, 1148 ff. — Vormerkung der Kosten im Gebührenwesen auf den U. 00, 350 — Hinausgabe der U. aufgehobener Erbverträge an die Beteiligten 01, 209 f.

Urschriftlicher Verkehr in Amtssachen 01, 367 f. (Form. 376).

Urteile, Übersendung kostenfreier Abschriften auf die Nahrungsmittel- und Gesundheitspolizei bezüglichen U. der Landgerichte und des Oberlandesgerichts München an das K. Staatsministerium der Justiz 99, 138 f. — Zustellung von U. an die in der Hauptverhandlung in ihrer Abwesenheit verurteilten Angeklagten und zivilverantwortlichen Personen in Forstrügesachen 99, 497 — Vollstreckung der von Deutschen Gerichten in bürgerlichen Rechtsstreitigkeiten erlassenen U. in Österreich 00, 795 ff. — s. a. Mitteilung.

Urteilsbücher der Staatsanwälte an Landgerichten (Schwurgerichten), Führung 96, 79, 81, 84.

Urteilsverkündung, Feststellung des Zeitpunktes der U. im Sitzungsprotokoll 96, 44.

V.

Vaganten s. Gewohnheitsvaganten.

Vatergüter, Hypothekbestellungen hiefür 96, 362.

Vaterschaft s. Anerkennung.

Veränderungen, Eintragung im Schiffsregister 99, 1013 f., 1025.

Verantwortlichkeit des Vormunds 00, 183 f. — s. a. Zivilverantwortlichkeit.

Verbot s. Eheverbote.

Verbrechen, strafrechtliche Verfolgung Deutscher wegen der in der Schweiz begangenen V. 97, 244 f.

Verbrecher s. Auslieferung, Feststellung, Steckbriefe.

Verbrennung von Schuldverschreibungen auf den Inhaber zum Zwecke der Vernichtung 96, 183.

Verehelichung der Notariatsgehilfen 01, 345 — von Bayern in der Schweiz und von Schweizern in Bayern 01, 646 — s. a. Eheschließung, Zivilehegesetz.

Verehelichungsgesuche, Gebührenfreiheit 00, 348 — Behandlung 00, 894 ff., 902 ff.

Verehelichungszeugnis 99, 363 f.; 00, 902 ff. (Form. 934).
Vereidigung s. Beeidigung, Verpflichtung.
Vereinbarungen über vorbereitende Maßregeln zu einer Auseinandersetzung 00, 28, 30 f., 34 — vor dem Vormundschaftsgericht 00, 186 f., 205.
Vereine, Zustellung von Amtswegen an V. 99, 480, 482, 483, 485, 488, 511; desgl. durch den Postboten 00, 514 f.; desgl. durch den Gerichtsvollzieher 00, 628, 631, 632 — Zuständigkeit zur Verleihung der Rechtsfähigkeit an einen Verein, dessen Zweck auf einen wirtschaftlichen Geschäftsbetrieb gerichtet ist, sowie zur Genehmigung einer Änderung des Zweckes des V. oder einer sonstigen Abänderung der Satzungen 00, 98 — s. a. eingetragene Vereine, Pensions- und Unterstützungsverein, Pensionsverein, Sachverständigenvereine, Unterstützungsverein, Zentralverein.
Vereinfachte Zustellung durch das Postamt 00, 504, 505, 507, 509, 511 — s. a. Amtswegen, Zustellung von Amtswegen.
Vereinfachung s. Verkehr.
Vereinigte Staaten von Amerika, Gebühren für Beglaubigung von Urkunden zum Zwecke des Gebrauchs dortselbst 97, 183 — Einsendung einer beglaubigten Sterbeurkunde und der die Staatsangehörigkeit eines verstorbenen nordamerikanischen Bürgers feststellenden Urkunden an das K. Justizministerium 00, 33.
Vereinnahmung der gemäß Art. IV des Gesetzes, betr. Änderungen des Gerichtsverfassungsgesetzes und der Strafprozeßordnung, vom 17. Mai 1898 in die Reichskasse fließenden Kosten 00, 537 f., 538 f.
Vereinsbank, Bayerische, Anlegung von Mündelgeld in Pfandbriefen der V. 99, 383 f.; 00, 189 f. — s. a. Nürnberg.
Vereinsregister, Führung 99, 1026 ff., 1033, 1034, 1034 ff., 1051 f. (Form. 1041 ff., 1047 ff.) — Vortrag der für Einträge rc. in das V. zum Anfall gelangenden Gebühren im allgemeinen Gebührenregister 00, 363 — Bezug des Formularpapiers hiefür und Einbinden 01, 440 f.
Vereinsregisternummern 99, 1035, 1036, 1037.
Verfahren bei Erinnerungen und Beschwerden wegen Gebührenansätzen 00, 387 ff. — Verfahren und Zuständigkeit bei Auffindung von Leichen 00, 581 f. — in bezug auf das Erbschaftssteuerwesen 00, 469 ff. — bei der Wechselprotesterhebung durch Gerichtsvollzieher 00, 770 ff. — bei Streitigkeiten anläßlich der Abmarkung von Grundstücken 01, 96 f., 127 ff. — s. a. Anmeldungsverfahren, Aufgebotsverfahren, Berichtigungsverfahren, Disziplinarverfahren, Forstrügeverfahren, Konkursverfahren, Strafverfahren, Subhastationsverfahren, Zwangsversteigerungs- und Zwangsverwaltungsverfahren.
Verfall einer zur Abwendung der Untersuchungshaft geleisteten Sicherheit, Zwangsvollstreckung aus der Entscheidung hierüber 00, 743.
Verfolgung s. Strafverfolgung.
Verfügungen der Registergerichte 99, 808, 809 f., 838 ff., 855, 856, 990, 1033, 1034 ff., 1037, 1039 — der Landgerichte in bezug auf die Registerführung der Amtsgerichte 99, 811 f., 908 ff., 912, 935 — des Nachlaßgerichts 00, 19, 21, 23, 34, 35, 37, 39 (Form. 65) — des Vormundschaftsgerichts 00, 183, 198, 201, 205, 208, 211 — über den Beginn des Grundbuch-Anmeldungsverfahrens in den Landesteilen rechts des Rheins 01, 496 f. — s. a. einstweilige Verfügungen, letztwillige Verfügungen, polizeiliche Verfügungen, ferner Bekanntmachung, Mitteilung.
Verfügungsbeschränkungen, Anwendung und Eintragung von V. im Grundbuch-Anmeldungsverfahren in den Landesteilen rechts des Rheins 01, 510.
Vergehen, strafrechtliche Verfolgung Deutscher wegen der in der Schweiz begangenen V. 97, 244 f.
Vergütung von Reisekosten an Geschworene, Schöffen und Vertrauensmänner 83, 349 f.; 00, 297 f. — der Amtsverweser von Gerichtsvollzieherstellen und der Hilfsgerichtsvollzieher 99, 528 f. — für Verrichtungen der Gerichtsvollzieher 99, 533 ff. — für die Amtshandlungen der Notare 99, 761 ff. — an die Postverwaltung durch die Justizverwaltung für portofreie Bewirkung der Zustellungen von Amtswegen in den Angelegenheiten der freiwilligen Gerichtsbarkeit, in den Grundbuchsachen und in den Hypothekensachen 00, 592 f. — der Waisenräte 00, 1134 ff.; 01, 183 f. — von Kosten im Zustellungsverkehr mit Österreich-Ungarn 00, 1170

— der zu auswärtigen Dienstgeschäften von dem Notariatsverweser zugezogenen Gerichtsschreibereibediensteten des Amtsgerichts 01, 206 f. — der Notare bei auswärtigen Dienstgeschäften in Armensachen 01, 207 f. — s. a. Rückvergütungen, Gebühren.
Verhaftung des Schuldners durch Gerichtsvollzieher 99, 534, 1192; 00, 724, 725, 725 f., 734 — einer Person in Angelegenheiten der freiwilligen Gerichtsbarkeit 00, 738 — s. a. Nachverhaftung.
Verhandlungen der Notariate 99, 596 ff. — der Notare mit Personen, die körperlich behindert sind 99, 629 f. — zum Musterregister 99, 973, 975, 977, 984 — zum Börsenregister 99, 989.
Verhinderung der Gerichtsvollzieher 99, 523, 1148, 1182, 1186, 1187.
Verhütung von Bauunfällen 00, 941 f.
Verjährung der Strafverfolgung von Zuwiderhandlungen nach Art. 19 des Gesetzes vom 2. Februar 1898 sowie der Vollstreckung der hiewegen rechtskräftig ausgesprochenen Strafen 98, 92 f. — rückständiger Gebühren und Auslagen 00, 387 — der Ansprüche auf Rückersatz bezahlter Gebühren und Auslagen 00, 387.
Verkauf hinterlegter Kostbarkeiten von Amtswegen 99, 1066 f. — s. a. Freihändiger Verkauf, Pfandverkauf.
Verkehr, telephonischer V. bei den Justizbehörden 96, 60 f. — schriftlicher V. der Strafgefangenen 98, 33 — mit dem Gericht in Kiautschou und den Marinegerichten im Auslande 99, 355 f. — zwischen den Hypothekenämtern und Notaren 99, 689 ff.; 01, 263 ff., 378 — Vereinfachung des dienstlichen V. 01, 363 ff., 378 — s. a. Depositenverkehr, Dienstverkehr, diplomatischer Verkehr, Geschäftsverkehr, Hypothekenverkehr, mündlicher Verkehr, Ortsverkehr, Postanweisungsverkehr, Rechtshilfeverkehr, urschriftlicher Verkehr, Zustellungsverkehr, ferner Butter rc., Wein.
Verkehrsanstalten s. Bekanntmachungen, Fiskalbeamter.
Verkehrsunternehmungen, Genehmigung zur Ausgabe von Schuldverschreibungen der V. 96, 114; 00, 99 f.
Verkündung s. Urteilsverkündung.
Verlängerung der Frist zur Vorbereitung und Erhebung der öffentlichen Klage 01, 614 f.
Verlassenschaften s. Nachlaß.
Verlassenschaftsverzeichnisse, Weiterführung der früheren V. als Nachlaßverzeichnisse in den Landesteilen rechts des Rheins 00, 40.
Verleihung des Titels, Rangs und Gehalts eines landgerichtlichen Obersekretärs an Amtsgerichtssekretäre 96, 205 f.
Verlesung s. Vorlesung.
Vermarkung s. Abmarkung.
Vermerk für die Strafregister 98, 23 — des Gerichtsschreibers bei Zustellungen von Amtswegen 99, 479, 481, 489, 490, 491, 494 — in bezug auf das Notariatswesen 99, 592, 594, 598, 601, 605, 646, 649, 657, 681, 688, 694, 698 — bezüglich der Führung des Handelsregisters 99, 811, 844, 871; des Firmenregisters 99, 879 f., 885 f., 895; des Genossenschaftsregisters und der Liste der Genossen 99, 935, 937, 938, 950; des Börsenregisters 99, 989; des Schiffsregisters 99, 1003, 1013 f., 1025; des Vereinsregisters 99, 1035; des Güterrechtsregisters 99, 1035, 1038 f. — in bezug auf den Gerichtsvollzieherdienst 99, 1144, 1146, 1161, 1164, 1165, 1166, 1171, 1177, 1185 — in Nachlaßsachen 00, 19, 30, 39 — über den Verbleib von Aktenstücken oder Akten auf dem Fehlblatte zu den Sammelakten für Angelegenheiten der freiwilligen Gerichtsbarkeit 00, 93 — in Vormundschaftssachen 00, 183, 184, 186, 187, 193, 194, 209 — der Sollstellung der Hinterlegungsgebühr im Hauptbuch der Hinterlegungsstelle 00, 304 — in dem Register für Zustellungen von Amtswegen und im Zustellungsregister der Notariate 00, 592 f., 593 — über Namensänderungen in den Standesregistern 00, 860 f. — s. a. Aktenvermerke, Ausfertigungsvermerk, Beglaubigungsvermerk, Quittungsvermerk, Zustellungsvermerke.
Vermieter des Zustellungsempfängers, Zustellung von Amtswegen an den V. 99, 483, 486; desgl. im Parteiauftrage 00, 628, 833 — s. a. Familienangehörige.
Vermißte Personen, Veröffentlichung der Ausschreibung V. im Bayerischen Zentralpolizeiblatt 99, 14.
Vermittelung der Gerichtsvollzieher bei Zustellung von Schuld- und Hypothekenbriefen 96, 118 — des Gerichtsschreibers bei Erteilung von Zustellungs- und Vollstreckungsaufträgen der Parteien an Gerichtsvollzieher 99, 1146, 1153, 1162 — Notariatsgebühr für V. der Aus-

einandersetzung in Ansehung eines Nachlasses **99**, 772 ff. — der Auseinandersetzung in Ansehung eines Nachlasses unter Miterben **00**, 16, 26 ff., 34, 39 f.; desgl. in Ansehung des Gesamtguts **00**, 32, 34; zum Zwecke der Ausgleichung des Ehegewinns nach Beendigung einer Gemeinschaft des Zugewinnsts **00**, 32.

Vermögen s. unbewegliches Vermögen.

Vermögensrechte, Zwangsvollstreckung in solche s. Forderungen.

Vermögensstrafen s. Beistand.

Vermögensübersicht zu Vormundschaftsakten **00**, 210 f.; 197, 198, 211 (Form. 291 f.).

Vermögensverwaltung durch den Vormund **00**, 197, 210 — durch den Pfleger **00**, 201, 210 — durch den Beistand **00**, 201, 202 f., 203, 210.

Vermögensverzeichnis für Kinder, Mündel oder Pfleglinge **00**, 183 f., 188 f., 194, 203 ff., 211, 213.

Vernichtung von Schuldverschreibungen auf den Inhaber **96**, 183 — von Akten **97**, 53.

Veröffentlichung von Entmündigungen **00**, 1226 — der Aufforderung zur Grundbuch-Anmeldung in den Landesteilen rechts des Rheins **01**, 499 — s. a. Bekanntmachung.

Verpfändungen, Eintrag im Schiffsregister **99**, 1012, 1013, 1025 f.

Verpflegskosten, Berechnung und Verrechnung der V. bei den Strafanstaltsverwaltungen **96**, 329 ff.

Verpflichtung der Notare zur Einsicht des Hypothekenbuchs und des Grundbuchs **99**, 624 ff. — eidliche, der Rechtspraktikanten **99**, 186; des Vormunds **00**, 183 f., 185; des Gegenvormunds **00**, 185; des Beistands **00**, 201 f. — Gebührenfreiheit der eidlichen V. von öffentlichen Beamten und Dienern **00**, 1348 — der Notariatsgehilfen **01**, 344 — der Sachverständigen zur Untersuchung von Nahrungsmitteln 2c. **01**, 628 f. — s. a. Beeidigung.

Verrechnung, der Gebühren und Auslagen bei den Gerichten, Bezirksämtern, Rentämtern, Notariaten, Gerichtsvollziehereien und Gerichtsvollziehern **00**, 349 ff. — der Notariatsgebühren bei den auf Rechnung des Staats geführten Notariaten **00**, 461 — der gemäß Art. IV des Gesetzes, betr. Änderungen des G.V.G. und der St.P.O., vom 17. Mai 1898 in die Reichskasse fließenden Kosten **00**, 537 f., 538 f.

Verrichtungen der Gerichtsvollzieher, Vergütungen hiefür **99**, 533 ff. — s. a. Urkundsperson.

Versammlungen der Waisenräte **99**, 557 f.; **00**, 1134 ff. — rechnerische Behandlung der Kosten **01**, 183 f., 205 — s. a. Gemeindeversammlung, ferner Verzeichnis.

Verschreibungen s. Schuldverschreibungen.

Verschwiegenheit s. Amtsverschwiegenheit.

Versendung s. Aktenversendung.

Versetzung, Gebühren der Gendarmeriemannschaft bei V. **99**, 331, 332 f. — der Gerichtsvollzieher **99**, 520, 524.

Versicherung s. Eidesstatt.

Versicherungsamt s. Landesversicherungsamt.

Versicherungsanstalten s. Brandversicherungsanstalt.

Versicherungspflicht s. Invalidenversicherungspflicht.

Versiegelung s. Siegelungen.

Verständigung des Notars oder Gerichtsschreibers von der Übertragung der Aufnahme des Nachlaßinventars **00**, 24 (Form. 67); desgl. des Erben hievon **00**, 24 (Form. 69) — s. a. Benachrichtigung, Mitteilung.

Verständlichkeit der Notariatsurkunden **99**, 641 ff.

Versteigerung durch Notare **99**, 669 ff. — durch den Gerichtsvollzieher außerhalb der Zwangsvollstreckung **99**, 534; **00**, 744 ff. — s. a. freiwillige Versteigerung, öffentliche Versteigerungen, Zwangsversteigerung.

Versteigerungsakten der Gerichtsvollzieher **99**, 1178 f., 1180.

Versteigerungsbekanntmachung der Gerichtsvollzieher **00**, 690 f., 700, 715 748, 756, 758 f.

Verteilung der Gebührenanteile von Gerichtsvollziehern oder einer Gerichtsvollzieherei **99**, 524 — von Gebühren der Gerichtsvollzieher für Vornahme gewisser Geschäfte **99**, 524 f. — des Betrages der Forderung oder der in dem Arrestbefehle festgestellten Geldbeträge bei Vormerkung einer Hypothek auf mehrere Grundstücke des Schuldners **00**, 114 — s. a. Geschäftsverteilung.

Verträge des vormaligen Zollvereins und des Reichs, in denen Bestimmungen über internationale Nachlaßbehandlung enthalten sind **00**, 33, 81 ff. — s. a. Auslieferungsvertrag, Ehe- und Erbverträge, Erbverträge,

Staatsverträge, Tauschverträge.
Vertreter, Zustellung von Amtswegen an den gesetzlichen V. 99, 480, 482, 483, 485, 487; desgl. im Parteiauftrage 00, 626, 631, 632, 633 — s. a. Parteivertreter.
Vertretung der im Grundbuchanlegungsverfahren Beteiligten durch Bevollmächtigte 98, 606 f. — des Amtsgerichtsdieners im Gefängnisdienst durch den Gerichtsvollzieher 99, 522.
Vertretungsmacht, Prüfung durch Notare 99, 619 ff.
Vertrieb von Losen s. Lose.
Verurteilungen s. bedingte Begnadigung, Mitteilung.
Vervollständigung der Handelsregister 01, 35 ff.
Verwahrung von Schlüsselduplikaten der äußeren Ämter der Bergwerks-, Hütten- und Salinenverwaltung 99, 364 — der Urkunden und Akten der Notariate 99, 610 ff. — von Testamenten durch Notare 99, 675 ff., 680, 681 — Übernahme von Urkunden zur V. durch Notare 99, 688 — Notariatsgebühr für V. von Privaturkunden und von Testamenten 99, 774 f. — von Erbverträgen durch Notare 00, 500 ff. — von Dorftestamenten durch Notare 01, 22 f. — Anmeldung und Eintragung von V. im Grundbuch-Anmeldungsverfahren in den Landesteilen rechts des Rheins 01, 510 f. — s. a. vorläufige Verwahrung, Hinterlegungswesen.
Verwahrungsbuch über die vorläufige Verwahrung 99, 1087 f. (Form. 1107 ff.).
Verwalter an den Landgerichtsgefängnissen in der Pfalz 97, 165 — s. a. Nachlaßverwalter, Grundstücke.
Verwaltung s. Bergwerks-, Hütten- und Salinenverwaltung, Gefängnisverwaltung, Nachlaßverwaltung, Postverwaltung, Strafanstaltsverwaltungen, Vermögensverwaltung, ferner Zentralausschuß.
Verwaltungsbehörden, Vorbereitungsdienst der Rechtspraktikanten bei den V. 99, 237 ff. — s. a. Distriktsverwaltungsbehörden.
Verwaltungsdienst s. Militärverwaltungsdienst, Prüfung.
Verwaltungsgerichtshof, Entscheidung in bezug auf Grundentlastung 98, 92, 93.
Verwaltungsrechtssachen, Zwangsvollstreckung durch Gerichtsvollzieher in V. 00, 739 f.
Verwaltungssachen, Zwangsvollstreckung durch Gerichtsvollzieher in V. 00, 739 f.
Verweigerung der Amtsausübung seitens der Gerichtsvollzieher 99, 522 — der Annahme der Zustellung von Amtswegen 99, 481, 482, 486, 487; desgl. der Zustellung im Parteiauftrag 00, 633, 634 — der Annahme der postamtlichen Zustellung von Schreiben mit Zustellungsurkunde 00, 519.
Verweis als Disziplinarstrafe der Gerichtsvollzieher 99, 526.
Verweisungen s. Landesverweisungen, Reichsverweisungen.
Verwertung gepfändeter Gegenstände 00, 688 ff. — herausgegebener beweglicher Sachen 00, 715.
Verweser von Gerichtsvollzieherstellen 99, 527 ff., 1149, 1194 — s. a. Notariatsverweser.
Verwesung s. Amtsverwesung.
Verzeichnis der in Forstrügesachen uneinbringlichen Geldstrafen 79, 1655; 96, 86 (Form. 79, 1690) — der rechtskräftig verurteilten Personen, für welche die Aussetzung der Vollstreckung der Freiheitsstrafe mit der Aussicht auf Erwirkung der Begnadigung beantragt wird 96, 78 ff., 79 ff., 84, 86 (Formulare 89 ff., 99 ff., 109 ff.) — der Verurteilten, denen eine Bewährungsfrist bewilligt worden ist 96, 82 f., 187 (Form. 108); s. a. Zusammenstellung — der bestraften Forstfrevler 96, 85 — derjenigen Gemeinden, welchen die Ermächtigung zur Erhebung der örtlichen Besitzveränderungsabgabe erteilt ist 98, 198, 199 ff. — über die Auszahlung der einem freigesprochenen oder außer Verfolgung gesetzten Angeschuldigten von der Staatskasse zu erstattenden notwendigen Auslagen 98, 229 f., 278 f. — derjenigen Stellen, an welche die für die deutschen Börsen und deren Zulassungsstellen bestimmten gerichtlichen Benachrichtigungen von dem Eintritt der Liquidation oder des Konkurses ꝛc. solcher Unternehmungen zu richten sind, deren Wertpapiere zum Handel an Börsen zugelassen sind 98, 692 f. — der als gestohlen oder sonst abhanden gekommen angemeldeten Wertpapiere und der mitgeteilten Erledigungen, Veröffentlichung im Beiblatt zum deutschen Fahndungsblatt 99, 92 — alphabetisches, der gesuchten Personen im deutschen Fahndungsblatt 99, 92 — der zur juristischen Zwischenprüfung zugelassenen Kandidaten 99, 222 (Form. 263 ff.) — der zur ersten Prüfung für den

höheren Justiz- und Verwaltungsdienst zugelassenen Kandidaten 99, 222 (Form. 267 ff.) — alphabetisches, derjenigen Kandidaten, welche die erste Prüfung für den höheren Justiz- und Verwaltungsdienst bestanden haben 99, 222 (Form. 271) — alphabetisches, derjenigen Kandidaten, welche die juristische Zwischenprüfung nicht bestanden haben 99, 222 f. (Form 273) — alphabetisches, derjenigen Kandidaten, welche die erste Prüfung nicht bestanden haben 99, 222 f. (Form. 275) — der für die zweite Prüfung vorläufig angemeldeten Rechtspraktikanten 99, 242 (Form. 313 ff.) — der zur zweiten Prüfung zugelassenen Rechtspraktikanten 99, 244 (Form. 317 ff.) — der Beschlüsse der Zensurkommission über die von den Prüfungskandidaten gelieferten Bearbeitungen für die zweite Prüfung für den höheren Justiz- und Verwaltungsdienst 99, 252 (Form. 321 ff.) — der Behörden der Niederlande, bei welchen die vorläufige Festnahme zur Sicherung einer Auslieferung von den deutschen Behörden unmittelbar beantragt werden kann 99, 366 ff., 404 f. — der Notariate über Auseinandersetzungen 99, 608 (Form. 715 ff.) — der Notariate über Zwangsversteigerungen 99, 608 (Form. 719 ff.) — der Notariate 99, 735 ff. — der Hinterlegungsmassen, bei welchen das Erlöschen des Anspruchs auf Herausgabe bevorsteht 99, 1068 f., 1073 — der bei der Hinterlegungsstelle hinterlegten Kostbarkeiten 99, 1085 f. (Form. 1105 f.); 00, 304 — der hinterlegten Urkunden, die nicht Wertpapiere sind 99, 1089 (Form. 1111) — der Zinsverfalltermine, Fortführung als Nummernverzeichnis 99, 1090 — der zum Vorbereitungsdienste für das Gerichtsvollzieheramt zugelassenen Bewerber 99, 1135, 1136 (Form. 1197) — der Bewerber um das Gerichtsvollzieheramt, welche das Befähigungszeugnis erlangt haben 99, 1136 — der geprüften Bewerber um das Gerichtsvollzieheramt 99, 1141 — der bei dem Nachlaßgericht im Laufe einer Woche eingegangenen Todesanzeigen 00, 12 (Form. 45) — der Staatsverträge, in denen Bestimmungen über die internationale Nachlaßbehandlung enthalten sind 00, 33, 81 ff. — der volljährigen Mündel und Pfleglinge 00, 213 (Form. 295) — sämtlicher Pfleglinge, Fortführung der bisherigen V. als Volljährigkeitskalender bezw. V. der volljährigen Mündel und Pfleglinge 00, 214 — der Gerichtsschreiber über die laufenden Nummern der Gebührenregister, unter welchen dem Rentamte Rückstände zur zwangsweisen Beitreibung überwiesen wurden 00, 367 f. — der den Militäranwärtern im bayerischen Justizstaatsdienste vorbehaltenen Stellen 00, 979 f. — der in Praxis getretenen Rechtspraktikanten 01, 67 (Form. 69) — der im Bezirke eines Landgerichts in einer sonstigen Praxis oder Beschäftigung stehenden geprüften Rechtspraktikanten 01, 67 (Form. 71) — der in das Hauptverzeichnis der Bewerber um Anstellung im Justizstaatsdienste aufgenommenen Rechtsanwälte 01, 67 (Form. 73) — der für die Versammlungen der Waisenräte erlaufenen Kosten 01, 183 f. (Form. 205) — der in den Rechtsanwaltslisten der kgl. bayerischen Gerichte eingetragenen Rechtsanwälte nach dem Stande vom 24. Januar 1901: 01, 230 ff. — s. a. Geschäftsverzeichnis, Hauptverzeichnis, Inhaltsverzeichnis, Kostenverzeichnisse, Ladungsverzeichnis, Nachlaßverzeichnis, Namensverzeichnis, Nummernverzeichnisse, Quittungsverzeichnis, Registraturverzeichnisse, Verlassenschaftsverzeichnisse, Vermögensverzeichnis, Vormundschaftsverzeichnis, ferner Zusammenstellung.

Verzeichnung des bei der Anordnung der Vormundschaft vorhandenen oder dem Mündel später zufallenden Vermögens 00, 188 f. — des Vermögens eines Kindes durch den überlebenden Ehegatten 00, 203 — von Nachlaßsachen. s. Nachlaßverzeichnis.

Verzug s. Annahmeverzug.

Vierteljahresberichte des Landgerichtspräsidenten bezüglich des Grundbuch-Anmeldungsverfahrens in den Landesteilen rechts des Rheins 01, 495.

Visitation in Privatirrenanstalten 96, 40 f. — von Gerichten und Notaren 00, 1003 ff.

Visitationsberichte 00, 1006 f.

Visitationsbeschlüsse des Landgerichtspräsidiums 00, 1006, 1009.

Visitationsvormerkungen 00, 1006 ff.

Volljährige, Anordnung einer Vormundschaft über einen entmündigten V. 00, 182, 210 — s. a. Ladung.

Volljährigkeitserklärung 00, 108 f.

Volljährigkeitskalender, Führung 00, 212 f. (Form. 293).

Vollmachten als Nachweis der Befugnis zur Stellung von Anträgen oder zur Abgabe von Erklärungen, in bezug auf die Börsenregister 96, 338 — zur Vertretung von Beteiligten im Grundbuch-Anlegungsverfahren 98, 606 f. — Inhalt der V. für die Regelung von Nachlässen in Neu-Süd-Wales 00, 1225.

Vollstreckbare Ausfertigung von Vereinbarungen vor dem Vormundschaftsgericht 00, 187, 206.

Vollstreckbarkeit von Entscheidungen deutscher Gerichte in Österreich 01, 41.

Vollstreckung von durch polizeiliche Strafverfügung der Behörden anderer Bundesstaaten oder durch Bescheid eines Seemannsamtes ausgesprochenen Haftstrafen durch die landgerichtlichen Staatsanwälte 96, 168 — der von deutschen Gerichten in bürgerlichen Rechtsstreitigkeiten erlassenen Urteile in Österreich 98, 21 ff. — gerichtlich erkannter Freiheitsstrafen 98, 24 f., 25 ff. — gerichtlicher Anordnungen in Angelegenheiten der freiwilligen Gerichtsbarkeit 00, 737 f. — von Bußen durch Gerichtsvollzieher 00, 743 — der von deutschen Gerichten in bürgerlichen Rechtsstreitigkeiten erlassenen Urteile in Österreich 00, 795 ff. — von Gesamtstrafen bei Festsetzung der Einzelstrafen von Gerichten verschiedener Bundesstaaten 00, 1015 f.; 01, 379 f. — der Entscheidungen deutscher Gerichte in Österreich 01, 41 — s. a. Strafvollstreckung, Zwangsvollstreckung, ferner Beistand, Verjährung.

Vollstreckungsakten der Gerichtsvollzieher 99, 1144, 1177, 1178 f., 1180, 1189.

Vollstreckungsbefehle, Erwirkung von V. durch Gerichtsvollzieher 99, 521, 536, 1168 — Vormerkung einer Hypothek auf Grund eines V. 00, 114 f.

Vollstreckungsgericht, Anordnungen 00, 649 f., 675, 689, 692, 695, 705 f., 715, 717, 718, 719, 722, 724, 734.

Vollstreckungsklausel, Erwirkung der V. gegen neue Besitzer verpfändeter Liegenschaften durch Gerichtsvollzieher 96, 118 — Notariatsgebühr für Erteilung der V. 99, 778.

Vollstreckungsrecht rechnungsführender Gerichtsschreiber an Amtsgerichten in Ansehung der Gebühren und Auslagen des Gerichtsvollziehers 99, 525; 01, 590 — der mit der Verrechnung ärarialischer Gebühren und Auslagen betrauten Behörden 99, 340.

Vollzug der korrektionellen Nachhaft 01, 282 f. — von Gesetzen rc. s. die betreffenden Gesetze rc. — s. a. Strafvollzug, Freiheitsstrafen.

Vollzugs-Anzeigen (Berichte) des Gerichtsdieners über Behändigungen in Angelegenheiten der freiwilligen Gerichtsbarkeit 99, 494 — Vermeidung der Anordnung von V. im amtlichen Verkehr 01, 367.

Voraussetzungen der Eintragung in das Handelsregister 99, 818 ff.

Vorbereitung der periodischen Sitzungen der Schwurgerichte 79, 354 ff.; 81, 187 ff.; 01, 43 ff. — der Anlegung des Grundbuchs in den Landesteilen rechts des Rheins 98, 227 f., 251 ff., 256 ff., 507 ff. — für die erste Prüfung für den höheren Justiz- und Verwaltungsdienst 99, 194 ff.

Vorbereitungsdienst für den höheren Justiz- und Verwaltungsdienst 99, 185 ff., 227 ff.; insbesondere bei den Gerichten 232 ff.; bei den Verwaltungsbehörden 237 ff. — für das Gerichtsvollzieheramt 99, 1133 ff. — der Bewerber um die Stellen von Gerichtsvollziehern in Strafsachen 99, 1142 — s. a. Zeugnisse.

Vordruck auf den Umschlägen zur Versendung amtlicher Schriftstücke 01, 368.

Vorführung, zwangsweise, durch Gerichtsvollzieher 99, 520, 534.

Vorgänge, Notariatsgebühr für die Beurkundung von V. 99, 766 ff.

Vorladungen s. Terminsvorladungen.

Vorläufige Verwahrung seitens der Amtsgerichte, für deren Bezirk ein anderes Amtsgericht als Hinterlegungsstelle bestimmt ist 99, 1069 ff., 1087 f.; 00, 303 f. — s. a. Verwahrungsbuch.

Vorläufige Vormundschaft, Bezeichnung im Vormerkungsbogen 00, 210.

Vorläufiger Vormund, Bestellung 00, 187.

Vorlage, Notariatsgebühr für V. von Urkunden 99, 776 — der Rechnung des Vormunds an den Gegenvormund 00, 194 — der Bemerkungen zu der Rechnung des Vormunds durch den Gegenvormund 00, 194 — der Todesanzeigen und anderer Anzeigen des Standesbeamten an den Vormundschaftsrichter 00, 206 — von notariellen Urkunden an die rechtsrheinischen Hypothekenämter 00, 499 f. — einer Abschrift der Entscheidung, durch welche ein Strafverfahren bezüglich des sogenannten Hydrasystems geschlossen wurde 01, 641 f. — s. a. Aktenvorlage.

Vorlesung von Notariatsurkunden 99, 647 ff.

Vorlesungen, an den Universitäten in bezug auf Rechtswissenschaft 97, 77 ff.; 00, 196 ff. — des an Gefangene zuzustellenden Schriftstücks 99, 496.

Vormerkung in bezug auf bedingte Begnadigung Verurteilter in den Akten 96, 77, 78 — in bezug auf Inhaberhypotheken 96, 183 — der Namensänderungen in den Standesregistern 97, 82 f.; in der Pfalz 97, 81 — in den Akten über die Erklärungen eines freigesprochenen Angeklagten bei Festsetzung der demselben aus der Staatskasse zu ersetzenden notwendigen Auslagen 98, 229 — Eintrag von V. zur Sicherung des Pfandrechts im Schiffsregister 99, 1004, 1008, 1012, 1025 f. — von Hypotheken im Wege der Zwangsvollstreckung und der Arrestvollziehung nach dem 1. Januar 1900: 00, 114 f. — im Terminskalender für Vormundschaften 00, 211 f. — der Gerichtsschreiber im Gebührenwesen 00, 350, 364, 365, 367 f. — zu den Akten im amtlichen Verkehr 01, 367, 368 — s. a. Aktenvormerkung, Visitationsvormerkungen.

Vormerkungsbogen zu Vormundschaftsakten 00, 209 f., 197, 198, 211, 214 (Form. 298 f.).

Vormerkungsbuch über vorgenommene Besichtigungen und Visitationen der Gerichte und Notare 00, 1010 (Form. 1013 f.).

Vormerkungsliste über den Vollzug von Freiheitsstrafen in schöffengerichtlichen Strafsachen 96, 78, 81, 84.

Vormund, Vorschlag 00, 183 — Ladung 00, 183 — Pflichten und Verantwortlichkeit 00, 183 f. — Obliegenheiten 00, 187 ff. — Rechnungsstellung 00, 193 ff. — Übersendung der Bestallung an den Vormund und Mitteilung über die Zeit der Rechnungsstellung 00, 195 — Erinnerung des V. an die Rechnungslegung 00, 195 (Form. 195) — Mitteilung des Rechnungsbescheides für V. 00, 195 (Form. 251) — Aufschlußerteilung des V. über die persönlichen Verhältnisse des Mündels 00, 195 f. — s. a. Anstaltsvormund, befreiter Vormund, Gegenvormund, Vorläufiger Vormund, ferner Ladung.

Vormundschaften, Ausführung der gesetzlichen Vorschriften hierüber 00, 181 ff., 187 ff., 196 f., 197 ff. — Tabelle zur Statistik für V. 00, 486 ff. (Form. 491 ff.) — Zuständigkeit zur Entscheidung von Streitigkeiten über die Abgabe einer V. an ein anderes Gericht 00, 804 ff. — s. a. Befreite Vormundschaft, Vorläufige Vormundschaft, Anordnung, Statistik.

Vormundschaftsakten 00, 36, 107, 108, 109, 193, 206, 214 f., 217 ff. — Prüfung bei der örtlichen Revision 00, 378.

Vormundschaftsgericht, Bestimmungen bezüglich des Gemeindewaisenrats 99, 553 ff.; desgl. bezüglich des gerichtlichen Hinterlegungswesens 99, 1060, 1062, 1063, 1071, 1086 — Äußerung des V. über Gesuche um Bewilligung der Befreiung von dem für die Annahme an Kindesstatt erforderlichen Alter des Annehmenden 00, 107 — Behandlung der Anträge auf Volljährigkeitserklärung 00, 109 — Obliegenheiten 00, 181 ff., 206, 303 — Fürsorge und Aufsicht des V. 00, 187 ff. — sonstige Verrichtungen 00, 203 ff. — Festsetzung der Gebühr nach Art. 89 Abs. 2 des Gesetzes über das Gebührenwesen 00, 542 f.

Vormundschaftsregister in der Pfalz, Fortsetzung der früheren V. als Vormundschaftsverzeichnis V. 00, 214 f.

Vormundschaftsrichter, Zuleitung von Todesanzeigen an den V. 00, 36, 206 — Entgegennahme von Anträgen und Erklärungen in Vormundschaftssachen 00, 205 — Unterzeichnung der Ausfertigungen des Vormundschaftsgerichts 00, 206 — Führung der Tabellen für die Statistik zum Vormundschaftswesen 00, 487.

Vormundschaftssachen, Hinterlegungsgebühren in V. 00, 302 f., 303 f., 306 — Gebühren in V. 00, 345 f., 539 ff.

Vormundschaftsverzeichnis, Führung bei den Amtsgerichten 00, 208 f., 209 (Form. 285 f.).

Vormundschaftswesen, Behandlung 00, 181 ff., 334 — Gebühren 00, 345 f. — näheres s. unter Beistandschaften, Pflegschaften, Vormundschaften; s. a. Statistik.

Vornamen, Eintragung in die Standesregister der Pfalz 96, 395 — s. a. Vornamensänderung.

Vornamensänderung, Gesuche um Bewilligung 00, 98, 858 ff., 888 f.

Vorschlag einer Person als Vormund 00, 183; als Gegenvormund 00, 185; als vorläufiger Vormund 00, 187; als Pfleger 00, 200; als Beistand 00, 201.

Vorschuß von Hinterlegungsgebühren 00, 303 f. — s. a. Auslagenvorschüsse, Gebührenvorschüsse, Kostenvorschüsse.

Vorschußregister, Führung durch Gerichtsschreiber 00, 363 f, 366, 377 (Form. 403 ff.).

Vorschußreste, Portopflicht bei Sendungen von V., welche von den Gerichtsschreibern an Gemeindebehörden behufs Aushändigung an die Parteien gerichtet werden 00, 349.

Vorsitzender des Schwurgerichts, Ernennung, Berichterstattung ꝛc. 79, 356 f.; 80, 464 ff.; 01, 45 ff. — des Prozeßgerichts, Erteilung der Erlaubnis zur Vornahme von Zustellungen von Amtswegen an Sonn- und allgemeinen Feiertagen 99, 486 f; desgl. von Zustellungen im Parteiauftrage 99, 1144 f.; 00, 633.

Vorstände s. Amtsgerichtsvorstände, Gerichtsvorstände, Anwaltskammern.

Vorsteher von Behörden, Gemeinden, Korporationen, Vereinen ꝛc., Zustellung von Amtswegen an V. 99, 480, 482, 483, 485; desgl. im Parteiauftrag 00, 628, 631, 632 — s. a. Gemeindevorsteher, Polizeivorsteher.

Vorstellungen an Seine Majestät den König und Seine Königliche Hoheit den Prinzregenten, Form 01, 364.

V. V., Beifügung dieses Vermerks beim Aktenzeichen in Vormundschaftssachen 00, 209.

W.

Wachtmeister, Zustellung von Amtswegen an W. 99, 480, 482; desgl. im Parteiauftrage 00, 626 f., 628.

Wärter und **Wärterinnen** in Privatirrenanstalten 96, 38 ff.

Wahlen der Mitglieder des Ehrengerichts an den Börsen in München und Augsburg 96, 373

Waisen s. Witwen und Waisen.

Waisenlisten, Führung 99, 555 ff., 559; 00, 1131 f. (Form. 99, 561 ff.).

Waisenräte s. Gemeindewaisenrat, Versammlungen, Waisenratsamt, Verzeichnis.

Waisenratsamt, Anweisung zur Führung des W. 99, 571 ff. — s. a. Gemeindewaisenrat, Waisenräte.

Waren, Börsenregister hiefür 99, 985 ff., 999 (Form. 993).

Wartezeit, Entbindung von Frauen von der W. s. Dispensationsgesuche.

Wasserstreitsachen, Mitteilung gerichtlicher Urteile in W. an das hydrotechnische Bureau 98, 667 f.

Wechsel, Anbringung der Quittungsformel „durch die Post empfangen“ auf W. 97, 213, 214 — Pfändung von Forderungen aus W. 00, 698, 716 f.

Wechselproteste, Erhebung und Aufnahme durch Notare 99, 687 f., 600, 653; durch Gerichtsvollzieher 79, 106; 99, 535, 1145, 1168, 1175, 1178, 1192; 00, 764 ff.

Wechselprotestregister der Notariate 99, 607, 599, 771 — der Gerichtsvollzieher 99, 1144, 1159, 1175, 1177; 00, 773.

Wechselprozesse, Befreiung der vor Ungarischen Gerichten als Kläger auftretenden Ausländer von der Sicherheitsleistung bezüglich der Prozeßkosten 96, 160.

Wechselzahlungen s. Empfangnahme.

Wegnahme gepfändeten Geldes durch den Gerichtvollzieher 00, 688, 707 — der über eine überwiesene Forderung vorhandenen Urkunde 00, 711 — bestimmter beweglicher Sachen ꝛc. 00, 719 ff. — des Hypothekenbriefs bei Pfändung einer Hypothekenforderung zum Zwecke der Ablieferung an den Gläubiger 00, 712 ff. — von Sachen, auf deren Einziehung erkannt ist 00, 744.

Wein, Mitteilung der Ergebnisse der Anzeigen wegen Verfehlungen gegen das Reichsgesetz vom 24. Mai 1901 über den Verkehr mit Wein, weinhaltigen und weinähnlichen Getränken an die K. Untersuchungsanstalten für Nahrungs- und Genußmittel 01, 460 f. (Form. 463 ff.) — Ausführung des Weingesetzes vom 24. Mai 1901: 01, 593 f., 594 ff.; insbes. des § 12: 01, 627 f., 628 f.

Weisung des Vormundschaftsgerichts zur Hinterlegung von Wertpapieren und Kostbarkeiten für die Hinterlegungsstelle 99, 1062, 1063, 1065, 1081, 1084, 1085, 1087, 1089; 00, 303; 01, 1 f. (Form. 99, 1081, 1095; 01, 2); desgl. zur Herausgabe 99, 1065, 1072, 1076, 1084, 1085, 1087, 1089 (Form. 1095); 00, 198; desgl. bei der K. Bank 99, 1116 — der Finanzstellen in bezug auf die rechnerische Behandlung des Gebührenwesens 00, 342.

Wertgebühren der Notariate 99, 763 ff., 766 ff.

Wertpapiere, Veröffentlichung von Spähe-ausschreiben zur Wiederbeibringung mittelst strafbarer Handlung abhanden gekommener W. im Bayerischen Zentralpolizeiblatt 99, 14; desgl. im Deutschen Fahndungsblatt 99, 94 — Anlegung von Mündelgeld in W. der Bayerischen Kreditanstalten 99, 383 f.; 00, 189 f. — Übernahme von W. durch Notare 99, 689 — Börsenregister hiefür 99, 985 ff., 999 (Form. 995) — Hinterlegung bei den amtsgerichtlichen Hinterlegungs-

stellen 99, 1058, 1060, 1062, 1065; bei der K. Bank 99, 1071 ff. — Hinterlegung im Falle einer Beistandschaft 00, 202 f. — Ersichtlichmachung der W. des Mündels, Pfleglings oder Kindes in der Vermögensübersicht 00, 210 — s. a. Verzeichnis.
Wertsendungen, Ausschluß von der postamtlichen Zustellung 00, 504.
Wertsfestsetzung bei Berechnung der Gebühren durch Notare 00, 356, 358; desgl. durch Gerichtsschreiber 00, 359 — Verfahren bei Erinnerungen und Beschwerden der Parteien hingegen 00, 387 f.
Widerruf der bewilligten Bewährungsfrist 96, 76, 82, 87, 228 — der im Bayerischen Zentralpolizeiblatt erlassenen Bekanntmachungen im Erledigungsfalle 99, 14, 15 — von Testamenten 99, 606, 611, 676 f.
Widerspruch gegen Löschungen von Amtswegen im Handelsregister 99, 851, 855, 931 f. — Eintragung des Widerspruchs gegen Vormerkungen zur Sicherung eines Pfandrechts im Schiffsregister 99, 1004, 1008, 1012, 1025 f. — Anmeldung und Eintrag von W. im Grundbuch-Anmeldungsverfahren in den Landesteilen rechts des Rheins 01, 510 f.
Widerstand des Schuldners bei Vollstreckungshandlungen 00, 667, 668, 725 f. — s. a. Beseitigung.
Wiederholung, freiwillige, der zweiten Prüfung für den höheren Justiz- und Verwaltungsdienst 99, 255.
Wiederverehelichungszeugnis, Ausstellung durch das Vormundschaftsgericht 00, 205 (Form. 281) — Unterzeichnung der Ausfertigungen von W. durch den Vormundschaftsrichter 00, 206.
Willenserklärungen, Zustellung durch Gerichtsvollzieher 00, 644 f.
Wirte s. Hauswirte.
Wirtschaftsgenossenschaften s. Erwerbs- und Wirtschaftsgenossenschaften.
Witwen und **Waisen** s. Unterstützungsverein, Zentralausschuß.
Witwen- und Waisenfondsbeiträge, Aufhebung der W. der im Staats- und sonstigen öffentlichen Dienste stehenden Beamten 00, 1200; 01, 174 f.
Wohnsitz der Gerichtsvollzieher 99, 520.
Wohnung, Zustellung von Amtswegen in der W. des Zustellungsempfängers 99, 481, 482, 484, 485, 486; desgl. im Parteiauftrage 00, 627, 628 — Zustellung in der W. von Personen, die von der inländischen Gerichtsbarkeit befreit sind 99, 515.
Württemberg s. Militärfiskus.
Würzburg, Übertragung der Besorgung des Hinterlegungswesens für den Bezirk des Amtsgerichts daselbst an die K. Bank 99, 1115 — s. a. Zentralverein.

Z.

Zahl der Feldgeschworenen 01, 149 — — der in Bayern bestehenden Gewerbegerichte 01, 291 ff. — s. a. Sitze.
Zahlen in Notariatsurkunden 99, 640 f. s. a. Seitenzahlen.
Zahlungen aus den Staatskassen an auswärtige Empfangsberechtigte im Postanweisungsverkehr 00, 584 ff., 1018 ff.; 01, 173 f., 257 — s. a. Auszahlung.
Zahlungsaufforderungen an Gebührenpflichtige 00, 352.
Zahlungsbefehle, Erwirkung von Z. durch Gerichtsvollzieher 99, 521, 536, 1168.
Zahlungspflichtige s. Erinnerungen.
Zeichen s. Grenzzeichen, Handzeichen.
Zeichnung der Unterschrift zur Aufbewahrung beim Registergericht 99, 895 ff.
Zeit der Amtsausübung durch Notare 99, 596 ff. — der postamtlichen Zustellung von Schreiben mit Zustellungsurkunde 00, 509 ff. — s. a. Dienstzeit, Geschäftszeit, Hinterlegungszeit, Nachtzeit, Strafzeit, Urteilsverkündung.
Zeitaufwand s. Zeitdauer.
Zeitdauer, Aufführung der Z. des Geschäfts in der Kostenberechnung auf den Urkunden der Gerichtsvollzieher 99, 1152, 1163 — der Verwahrung einer Hinterlegungsmasse 99, 1067 ff.; 00, 303, 304 f., 305 f. — Angabe in den Protokollen der Gerichtsvollzieher über Vollstreckungshandlungen 00, 671.
Zeitgebühren der Notariate 00, 763, 765 ff.
Zensur der Prüfungsarbeiten der Rechtspraktikanten 99, 250 ff. — der Bewerber um das Gerichtsvollzieheramt 99, 1138 ff.
Zensurkommissionen anläßlich der zweiten Prüfung für den höheren Justiz- und Verwaltungsdienst 99, 250 ff.
Zentralausschuß zur Verwaltung des Fonds der Pensionsanstalt für die Witwen und Waisen der Advokaten und Rechtsanwälte des Königreichs und des Fonds zur Unterstützung unverschuldet in Not versetzter Advokaten und Rechtsanwälte, Neuwahl für 1902—1904: 01, 678.
Zentralpolizeiblatt, Bayerisches, Plan 99, 11, 12 ff., 90 f. — s. a. Beiblatt.

Zentralverein, polytechnischer, in Würzburg, Überweisung der nicht zurückverlangten Muster und Modelle an die Sammlung des Z. 00, 1134.
Zertrümmerungen s. Güterzertrümmerungen.
Zeugen, Veröffentlichung der Ausschreibung von Z. im Bayerischen Zentralpolizeiblatt 99, 14; desgl. im Deutschen Fahndungsblatt 99, 94 — s. a. Geschäftszeugen, Reichs-Gebührenordnung.
Zeugenladung in Forstrügesachen 99, 497, 498.
Zeugnisse der Rentämter über die Belastungsverhältnisse von Grundstücken 98, 82 f., 91 ff., 99 (Form. 104) — über die Ablegung der juristischen Zwischenprüfung 99, 221 (Form. 259); desgl. der ersten Prüfung für den höheren Justiz- und Verwaltungsdienst 99, 221 (Form. 261) — für Rechtspraktikanten nach Beendigung des Vorbereitungsdienstes 99, 240 f. (Form. 311) — Erteilung in Nachlaßsachen 00, 20 f. — über Fortsetzung der Gütergemeinschaft 00, 20 f., 1168; 01, 387 f. (Form. 01, 389 ff., 447 f.); Gebühr hiefür 01, 456 f. — über die Ernennung zum Testamentsvollstrecker 00, 20 f. (Form. 59 ff.) — des Vormundschaftsgerichts zum Zwecke der Wiederverheiratung eines überlebenden Ehegatten 00, 205 (Form. 281) — Gebührenfreiheit der Z. über die Vorbereitungspraxis der Staatsdienstadspiranten 00, 348 — s. a. Armutszeugnis, beschränktes Zeugnis, Dienstzeugnisse, Notariatszeugnisse, Prüfungszeugnisse, Verehelichungszeugnis, Wiederverehelichungszeugnis.
Zigeuner, Sicherheitspolizei 99, 105 f.
Zinkhaltige Gegenstände s. blei- und zinkhaltige Gegenstände.
Zinse s. Bodenzinse.
Zinsscheine der bei den Gerichten hinterlegten Wertpapiere 99, 1060, 1065, 1077, 1083, 1084.
Zivilbehörden, Anwendung der Bestimmungen über die Vereinfachung des dienstlichen Verkehrs im Verkehr zwischen Zivil- und Militärbehörden sowie zwischen Z. und Militärpersonen 01, 378.
Zivilehegesetz vom 6. Februar 1875 in der ab 1. Januar 1900 geltenden Fassung 99, 1222 ff. — Vorschriften des Bundesrats zur Ausführung dieses Gesetzes 99, 1244 ff.; Erläuterungen hiezu 99, 1285 ff. — Vollzug 00, 862 ff., 873 ff. — s. a. Anweisung.
Zivilgerichte, Überführung von Militärpersonen an Zivilgerichtsbehörden 97, 229 f.
Zivilprozeßordnung für das Deutsche Reich s. Reichs-Zivilprozeßordnung.
Zivilstaatsgebäude, Beflaggung und Schmückung 00, 1119 f.
Zivilstaatsministerien, Gegenzeichnung der Generalsekretäre der Z. 97, 52.
Zivilstandsregister s. Duplikate.
Zivilverantwortliche Personen, Ladung zur Hauptverhandlung in Forstrügesachen 99, 497, 498.
Zivilverantwortlichkeit nach dem Forstgesetze 96, 230.
Zuchthäuser, Auflösung der Verwaltung des Zuchthauses München 01, 454, 454 f. — s. a. Verpflegskosten.
Zuchthausstrafen s. Freiheitsstrafen.
Züge s. Güterzüge.
Zugangsliste für sämtliche Pfleglinge in Privatirrenanstalten 96, 39.
Zulässigkeit der Zwangsvollstreckung, Prüfung durch den Gerichtsvollzieher 00, 649, 653, 665 — des Arrests 00, 731, 732 — einstweiliger Verfügungen 00, 734 f.
Zulagen der Gendarmeriemannschaft 99, 331, 332 f. — nicht pensionsfähige persönliche, von Gerichtsvollziehern 99, 530, 531; 01, 176; desgl. von mit dem Gerichtsvollzieheramt als Nebenamt betrauten Amtsgerichtsdienern 99, 531.
Zulassungsstellen der Börsen, Mitteilung von der Beendigung des Konkurses von Unternehmungen, deren Wertpapiere zum Handel an Börsen zugelassen sind, an die Z. 98, 265 f.
Zurechtweisung von Rechtspraktikanten 99, 187.
Zurückgabe der Eingaben von Privaten an öffentliche Stellen und Behörden wegen Formfehler 01, 365.
Zurücklassung des Schriftstücks am Orte der Zustellung von Amtswegen 99, 486; desgl. der Zustellung im Parteiauftrage 00, 633, 634.
Zurücknahme von Testamenten 99, 606, 611, 676 f. — der Anordnung, durch welche einer Person das mündliche Verhandeln vor Gericht gestattet wird 00, 115 f. — des Antrags vor Vornahme der gebührenpflichtigen Amtshandlung 00, 360.
Zurückweisung von Rechtspraktikanten von der II. Prüfung für den höheren Justiz- und Verwaltungsdienst 99, 243 f. — von Anmeldungen zum Vereinsregister

99, 1027, 1051; desgl. zum Güterrechtsregister 99, 1052.

Zusätze in Schriftstücken der Gerichtsvollzieher 99, 1149.

Zusammenarbeiten mehrerer Rechtspraktikanten bei der zweiten Prüfung für den höheren Justiz- und Verwaltungsdienst 99, 249, 249 f.

Zusammenstellung der Verzeichnisse der Personen, die rechtskräftig zu Freiheitsstrafen verurteilt worden sind und für welche die Aussetzung der Strafvollstreckung mit der Aussicht auf Erwirkung der Begnadigung beantragt worden 96, 79, 80 (Formulare 95 ff., 103 ff.) — der von einem Rechtspraktikanten bei der zweiten Prüfung für den höheren Justiz- und Verwaltungsdienst erhaltenen Einzelnoten 99, 255 (Form. 328) — der Ergebnisse aus den Übersichten der Geschäfte der streitigen Gerichtsbarkeit bei den Amtsgerichten 00, 1274 f. (Form. 1305 ff.); desgl. bei den Landgerichten 00, 1277 f. (Form. 1341 ff.) — der Ergebnisse aus den Übersichten der Geschäfte der freiwilligen Gerichtsbarkeit und der Geschäfte in Rechtshilfe- und Hinterlegungssachen bei den Amtsgerichten 00, 1275 f. (Form. 1319 ff.) — der rechtskräftig erledigten Forstrügesachen 00, 1276 (Form. 1327 f.) — der Ergebnisse der aus den Übersichten der Geschäfte der Gerichtsvollzieher und Gerichtsvollziehereien 00, 1276 (Form. 1329) — der Ergebnisse aus den Übersichten der von den Gerichten im Bezirke des Oberlandesgerichts wegen Vergehen gegen Landesgesetze rechtskräftig abgeurteilten Personen 00, 1280 f. — der Ergebnisse aus den Übersichten der im ordentlichen sowie im Forstrügeverfahren rechtskräftig zu Strafe verurteilten Personen 00, 1284.

Zuständigkeit bei einer Zuwiderhandlung nach Art. 19 Abs. 2 des Gesetzes vom 2. Februar 1898: 98, 92, 83 f. — der Gerichtsvollzieher 98, 518, 520 ff. — zur Führung des Handelsregisters 99, 807 f., 812 f., 815 f., 907 — bezüglich des Nachlaßwesens 00, 7, 9, 11, 17, 23, 24, 26 f., 31, 32, 34, 39 — der Amtsgerichte in Vormundschaftssachen 00, 186 f. — in bezug auf das Erbschaftssteuerwesen 00, 468 f. — zur Entscheidung von Streitigkeiten über Abgabe einer Vormundschaft an ein anderes Gericht 00, 804 ff. — zur Abmarkung von Grundstücken 01, 91 f. — bei Streitigkeiten anläßlich der Abmarkung von Grundstücken 01, 96 f. — der in Bayern bestehenden Gewerbegerichte 01, 291 ff. — im Grundbuch-Anmeldungsverfahren in den Landesteilen rechts des Rheins 01, 492 f., 501.

Zuständigkeitsverordnung vom 24. Dezember 1899: 00, 97 ff. — Vollzug des § 20: 00, 107 f.; desgl. des § 21: 00, 106 f.

Zustand von Personen und Sachen s. Feststellung.

Zustellung von Ausfertigungen notarieller Urkunden (Schuld- und Hypothekenbriefen) durch Gerichtsvollzieher 96, 117 f., 118 — Anfertigung der zur Zustellung in Armenrechtssachen erforderlichen Abschriften 96, 334 – von Notariatsurkunden 99, 661 ff., 775 — an von der inländischen Gerichtsbarkeit befreite Personen (Exterritoriale) 99, 515 — von Verfügungen in Nachlaßsachen 00, 21, 23 — durch die Gerichtsvollzieher, allgemeine Vorschriften 00, 622 ff., in bürgerlichen Rechtsstreitigkeiten auf Betreiben der Partei 00, 624 ff.; in Strafsachen und in Forstrügesachen 00, 642 ff.; von Willenserklärungen 00, 644 f.; Formulare 00, 645 f., 774 ff.; Mitwirkung der Gerichtsvollzieher bei den Zustellungen von Amtswegen 00, 646 — Ersuchen um Z. an Personen, die in der Armee der österreichisch-ungarischen Monarchie dienen 01, 645 — s. a. Amtswegen, Anwalt, Aufgabe zur Post, Ersatzzustellungen, Gewöhnliche Zustellung, Niederlegung, öffentliche Zustellungen, postamtliche Zustellung, unmittelbare Zustellung, vereinfachte Zustellung, Post, Register, Zwangsvollstreckung.

Zustellungsbevollmächtigter, Zustellung von Amtswegen an den Z. mehrerer Beteiligter 99, 487; desgl. im Parteiauftrag 00, 633, 635.

Zustellungsempfänger bei Zustellungen von Amtswegen 99, 479 ff., 489 f.; desgl. bei Zustellungen im Parteiauftrag 00, 627, 634, 640 — s. a. Adresse, Geschäftslokal, Wohnung.

Zustellungsregister der Notariate 99, 608 f., 663, 599 (Form. 723 f.); 00, 592 f. — s. a. Register für Zustellungen von Amtswegen.

Zustellungsurkunde des Gerichtsdieners 99, 487 ff. (Form. 505 ff.) — des Gerichtsschreibers bei Zustellungen von Amtswegen durch Aufgabe zur Post 99, 491 — postamtliche 00, 505 f., 507 ff., 519 — s. a. Postzustellungsurkunden.

Zustellungsverkehr, Vergütung der Kosten im Z. mit Österreich-Ungarn **00**, 1170.
Zustellungsvermerke des Gerichtsdieners **99**, 487, 488, 498 — des Postboten **99**, 490.
Zustimmung, Prüfung der Frage der Notwendigkeit einer Z. durch die Notare **99**, 622 f.
Zuteilungsregister der Gerichtsvollziehereien **99**, 1159, 1160 f., 1186 (Form. 1199 f.)
Zuwiderhandlungen nach Art. 19 Abs. 2 des Gesetzes vom 2. Februar 1898: **98**, 92, 83 f.
Zuziehung von Zeugen und polizeilichen Vollzugsorganen zu Vollstreckungshandlungen **00**, 668, 671, 725 f. — des Gerichtsvollziehers bei Widerstand des Schuldners gegen die Vornahme einer Handlung **00**, 723 f. — von Protokollführern zu auswärtigen Dienstgeschäften des Notariatsverwesers **01**, 206 f.
Zwang s. Buchungszwang.
Zwangsbeitreibung von Rückständen im Gebührenwesen **00**, 340, 352, 367 f.
Zwangserziehung, Aktenbildung **00**, 92.
Zwangshaft, Vollziehung durch Gerichtsvollzieher **00**, 724 ff.
Zwangsmaßregeln in den Angelegenheiten der freiwilligen Gerichtsbarkeit auf grund des Art. 130 des A.G. zum B.G.B., Ausführung durch Gerichtsvollzieher **99**, 534; **00**, 737 f.
Zwangsstrafen gegen Gerichtsvollzieher **99**, 526 f.
Zwangsversteigerung durch den Gerichtsvollzieher **00**, 677, 689 ff., 700 f., 706.
Zwangsversteigerungs- und Zwangsverwaltungsverfahren, Zustellungen von Amtswegen **99**, 476, 491 f.; **00**, 591, 592 — Notariatsgebühr **99**, 773 f.
Zwangsvollstreckung aus Vereinbarungen vor dem Vormundschaftsgericht **00**, 186 f., 205 — besondere Vorschriften für gewisse Zustellungen bei der Z. **00**, 642 — Ausführung durch Gerichtsvollzieher **00**, 647 ff.; näheres s. unter Arrest, bewegliche körperliche Sachen, Beseitigung, einstweilige Verfügungen, Forderungen, Haft, Herausgabe, Hinterlegung; Rechtsstreitigkeiten, bürgerliche; unbewegliche Sachen, unbewegliches Vermögen, unselbständige Personen, Vermögensrechte, Verwaltungs- und Verwaltungsrechtssachen, ferner Anteil, Subhastationsordnung, Vollstreckung, Vormerkung.
Zwangsvollstreckungsgebühren der Gerichtsvollzieher für Strafsachen **00**, 529.
Zwangsweise Vorführung s. Vorführung.
Zweigniederlassungen, Bestimmungen bezüglich der Führung der Handelsregister **99**, 806, 807, 809, 831 ff., 835, 837, 855 f., 865 f., 866 f., 871 ff., 876 ff., 880 ff., 930, 941 f., 945.
Zweite Prüfung für den höheren Justiz- und Verwaltungsdienst **99**, 188 ff., 241 ff.
Zwischenprüfung für den höheren Justiz- und Verwaltungsdienst **99**, 201 ff., 210 ff. — s. a. Termine.
Zwischenräume, Ausfüllung von Z. in Zustellungsurkunden des Gerichtsdieners **99**, 488.
Zwischenreise von Geschworenen, Kostenvergütung **99**, 297 f.

FSC
www.fsc.org
MIX
Papier | Fördert gute Waldnutzung
FSC® C083411

Kolibri 360 GmbH
Ferdinand-Jühlke-Straße 7
99095 Erfurt, Deutschland
produktsicherheit@kolibri360.de